标杆精益系列图书

精益转型实践之旅

赵 勇 著

机械工业出版社

当精益推行了几年之后，很多企业突然感到迷茫了，针对大家遇到的情况，本书重点归纳并回答了三个问题：

精益改善等于精益转型吗？

精益改善不等于精益转型，充其量只是批量精益工具的应用。如果企业想完成精益转型，必须把精益提高到战略的高度，并与企业的经营相结合。精益转型是企业顶层设计和精益技术相结合的全方位系统搭建过程。

企业如何进行真正的精益转型？

• 通过精益战略策划和部署建立企业愿景和突破性目标，并管理实现的过程。

• 建立组织的绩效联动系统：精益核心指标、精益财务管理、营销和支持性部门的绩效管理。

• 应用精益工具为企业目标的实现提供具体方法和技术支持。

• 利用结构性方法解决问题。

• 把组织绩效传递到员工，重要的是制定个人发展计划，提升员工技能。

如何保持企业的持续变革和绩效提升？

• 领导要成为对精益拥有无比热情的精益专家。

• 建立高绩效团队。

• 全员参与改善。

本书可供企业的管理者、精益执行者阅读，也可供高校工业工程专业的师生参考使用。

图书在版编目（CIP）数据

精益转型实践之旅/赵勇著. —北京：机械工业出版社，2018.12
（标杆精益系列图书）
ISBN 978-7-111-59523-6

Ⅰ.①精… Ⅱ.①赵… Ⅲ.①企业管理-精益生产 Ⅳ.①F273

中国版本图书馆 CIP 数据核字（2018）第 241657 号

机械工业出版社（北京市百万庄大街 22 号　邮政编码 100037）
策划编辑：孔　劲　责任编辑：孔　劲　王春雨
责任校对：张　薇　陈　越　封面设计：张　静
责任印制：张　博
三河市国英印务有限公司印刷
2019 年 1 月第 1 版第 1 次印刷
169mm×239mm · 11.5 印张 · 1 插页 · 223 千字
0001—4000 册
标准书号：ISBN 978-7-111-59523-6
定价：45.00 元

凡购本书，如有缺页、倒页、脱页，由本社发行部调换
电话服务　　　　　　　　　　网络服务
服务咨询热线：010-88361066　机工官网：www.cmpbook.com
读者购书热线：010-68326294　机工官博：weibo.com/cmp1952
　　　　　　　010-88379203　金 书 网：www.golden-book.com
封面无防伪标均为盗版　　　　教育服务网：www.cmpedu.com

白雪文具是在中国改革开放这个伟大时代成长起来的企业。在白雪文具30多年的发展历程中，我们对企业的管理有过许多思考和各种模式的尝试……三年前，缘于一个偶然的机会，我认识了本书的作者，也由此成为白雪文具踏上精益转型之旅的契机。

白雪文具从2015年开始导入精益生产，其间虽然经历了许多艰难和曲折，但更多的是收获了欣喜和成果。通过推行精益生产，企业在库存水平的降低、生产效率的提高，乃至传统管理理念的改变等各方面都取得了明显的成果，因此，我们更加清楚地认识到，扎扎实实做好精益生产，打造精益企业是我们的正确选择。

虽然我们在企业的精益转型之路上向前迈进了一大步，但我经常思考，企业要达到什么样的程度才能算得上一个真正完成精益转型的企业呢？恰逢此时，作者邀请我为《精益转型实践之旅》一书作序，读罢，书中的许多观点给了我很多启发，简单谈谈感受，聊以为序。

作者在书中倡导的一个重要观点就是"系统精益"，即一个成功完成精益转型的企业，必须把精益提高到战略的高度，并与企业的经营相结合；精益转型是企业顶层设计和精益技术相结合的全方位系统搭建的过程，系统精益一定是与企业的战略和系统管理相关联的。每当谈到战略，很多人都认为这是一个大概念，特别是对于中、小企业来讲，总觉得谈战略有点空洞无物，不如谈谈市场、技术等来得实在。作者在书中以情景化的案例，让我们很容易理解以上想法都是误解。作为企业的管理者，我们需要思考企业未来的方向，并通过精益的方法来管理战略策划的过程，同时，应用合适的精益工具来保证科学和有效的实施过程，最终确保组织的绩效富有成果，这就使得精益工具的应用更有方向性和目标性。比如我们之前开展了很多精益活动，但是未必都是从与战略的关联性和系统整体有效性出发的，我现在经常问的问题是：这些工作是否与实现当前企业战略目标的重点一致？是否为企业带来了真正的价值？我们未来的工作重点究竟应该是什么？

精益转型的结果一定体现在组织的绩效上，本书谈到的组织绩效系统，如精益核心指标（SQCPDI）、精益财务指标、营销和支持部门的绩效，内容虽然很多，但脉络清晰，简单明了。一言以蔽之，精益转型成功企业的标志，一定是在组织绩效上富有成果，而这个结果是基于对战略过程输入和输出的有效管理，而非依靠"运气"或者简单的"目标管理"。同时，对于如何把组织绩效传递到员工，如何让作为员工这样的个体能够更有成就感和获得感，使用当今流行的词语，就是如何给个体"赋能"，本书提出的诸如个人发展计划、员工技能提升等方法都给出了基于精益层面的答案，让人耳目一新，颇有拨云见日之感。

另外，让我深有感触的是，精益转型的企业必须要完成领导者的自我变革。推行精益绝不是一蹴而就的事情，所谓"冰冻三尺，非一日之寒"，这句成语表达了两层意思，一是说明企业过去的习惯、思维和方法由来已久，决不是一朝一夕可以改变的，尤其对于像白雪文具这样有着30多年历史的企业更是如此，如果没有领导者的决心、毅力以及坚持，变革是难以完成的；二是说明企业如果想保持精益转型后新系统的稳定运行，更是需要长期的正向积累才可以做到，否则就很容易倒退。上面谈到的两点，对于企业领导者而言，自我变革是非常重要的，必须付出代价，领导者不仅自身要成为精益专家，表现出对精益的无比热情，而且要成为一个推广者，告诉团队未来的美景，并确保带领团队朝着正确的方向前进。

现在，我们正处在一个快速变化、波澜壮阔的时代，互联网、物联网、人工智能、大数据以及云计算等科学技术的发展正在冲击着每个行业，制造业当然也不例外。中国制造2025、工业4.0已成为制造业发展的方向和趋势，白雪文具也正在打造符合自身产品特点的智能化生产线。非常庆幸的是，我们提前把精益作为企业管理的基石，为企业的长期发展和永续经营奠定了坚实的基础。我们也清楚地知道，精益之路永无止境，追求完美和卓越始终是我们永远的目标，如此企业才可以基业长青！

我之所以推荐这本书，就是由于本书不是理论上的说教，而是体现了鲜明的实践性和实实在在的可操作性，这是源于作者多年在企业深耕细作，认真实践精益的结果。本书很好地回答了企业在精益转型过程中遇到的实际问题，相信这些思想、方法、工具对白雪文具和其他企业都会有很大的帮助。

最后，诚挚地邀请您和我们共同踏上成功的精益转型之旅！

青岛昌隆文具有限公司总经理　解思鹏

到目前为止，精益工具和方法被越来越多的企业所熟知和应用，虽然每个企业从中所获得的成效不尽相同。企业在踏上精益的道路之后，真正完成了精益转型的可以说是少之又少。

之所以如此，就是因为大多数企业仅仅把精益作为一种改善的工具，停留在点状的和局部的改善层面上，对精益的了解和应用始终处于"盲人摸象"的阶段。也就是说，没有完成真正的精益转型。事实上，精益已经远远超出精益工具本身，而成为一种系统的管理模式、管理思想和文化，因此，精益改善绝对不等同于精益转型，尽管精益的技术手段是非常重要的。

了解管理的读者都知道，作为一个企业的组织，一定具有三个基本的职能：营销、运营（平衡计分卡中学习和成长的维度属于运营管理的部分）和财务，而企业的战略管理就必须关注这三个方面。但是正如上面所提到的，大多数企业认为精益只是解决运营管理方面的问题，准确地说，就是为了改善质量、成本、交期、效率和库存的，所以把精益所能发挥作用的范围缩小了。

所以，对于真正想完成精益转型的企业来说，必须把精益看作是思想和文化，让它成为企业决策和行动的一种思维方式，如此就需要让精益与企业的各个层面进行有机结合。企业进行精益转型时，必须思考要把企业带往何方，如何永续经营，如何实现企业的目标，打造什么样的团队，如何形成从上而下的方针引领和领导力，如何建立自上而下推动参与和自下而上主动改善的高绩效支持体系等问题，总之，就是如何让精益在企业经营的各个方面发挥其应有的作用，建立全系统的精益企业。通过阅读本书，读者都可以找到这些问题的答案。

本书以一家机械加工企业（Higher Grade，简称 HG 公司）为背景，介绍其在推行精益 3 年之后所面临真正精益转型的困惑和问题，这些问题就是大多数企业在导入精益一段时间以后所要解决的问题。

书中共包含 9 个情景，每个情景以案例和情节的关键点进行命名，由此引出具有启发性的问题，通过对案例的讨论，使读者既可以感同身受，又在趣味阅读的同时，找到问题的答案。

为了帮助读者了解本书的框架结构，特别提供了阅读导图，见图 1。

情景 1 至情景 3 介绍精益战略策划和部署的概念、意义和实施方法，也就是通常所说丰田公司的"方针管理"（Hoshin Kanri）。我们知道，丰田公司的"方针管

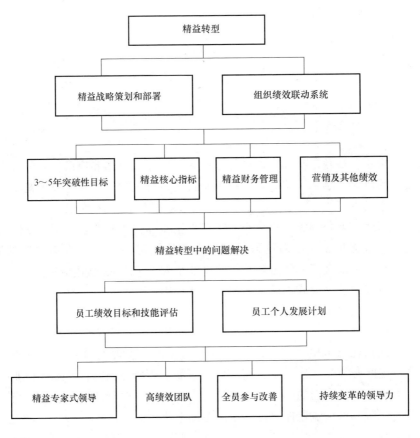

图 1　本书阅读导图

理"是非常复杂的，而本书的描述则使这一复杂的内容变得简单、清晰，使读者对其不再望而生畏。

　　情景 4 介绍的是涉及运营管理方面几个核心的精益绩效指标，并且重点强调了如何建立基于此的运营绩效联动系统，体现了组织绩效设计的系统性和有效性。

　　情景 5 介绍企业经营所涉及的另外一个层面，即财务，如何完成向精益会计的转变，并为企业的整体绩效提供支持和服务。

　　情景 6 是关于问题解决的内容，因为精益绩效管理的目的是达成绩效而非考核绩效，而问题解决（A3 报告）就是绩效实现的手段和利器。

　　情景 7 和情景 8 则是介绍如何培养人员技能的：即对基层人员技能和管理人员领导力的培养，这恰恰和丰田模式中尊重员工、持续改善的两大支柱密切相关。

　　情景 9 是对在智能制造背景下，精益管理所扮演的角色进行的深度思考。

　　为了有助于读者在学习阅读本书内容之前，能够提前宏观地了解精益转型过程中可能遇到的问题和相应的解决方案，表 1 中总结了本书所提出的主要问题和相关答案。

表1 本书所提出的主要问题和相关答案

情景	提出的主要问题	本书给出的答案
情景1	● 精益改善和精益转型的区别 ● 什么才是真正的精益转型	精益改善是精益工具的批量应用,而精益转型是把精益提高到战略的层面,与企业的整体经营相结合
情景2	● 什么是精益战略策划和部署 ● 精益战略策划和部署与传统目标管理有什么不同	● 精益战略策划和部署是一个组织对未来进行计划并付诸实施和管理的过程,组织的绩效应该来源于正确的战略,而非由于自然红利 ● 目标管理是一个自上而下的目标分解过程,而精益战略策划和部署是目标的沟通及管理过程
情景3	如何实施精益战略策划和部署	● 应用战略制定和规划的七个步骤使企业做正确的事: —战略制定和规划 —确定3~5年的战略目标 —年度目标的制定 —年度目标的分解 —年度目标的实施 —月度绩效回顾 —年度绩效回顾 ● 成功实施精益战略策划和部署的关键要素 —强大的领导力 —突破性目标 —科学方法 —有效激励
情景4	如何建立组织的绩效系统来支撑战略部署过程	● 建立企业运营管理的核心精益绩效指标: —安全 —质量 —准时交货 —效率 —成本 —库存 ● 形成一个在时间和空间上的绩效联动系统 ● 建立支持性职能部门的绩效管理系统 ● 要防止组织绩效搭建的误区,科学有效地管理组织绩效
情景5	如何利用精益会计进行绩效管理	● 以价值流为导向建立精益财务管理系统,并将TOC理论应用到其中 ● 建立一张纸的财务绩效计分卡,简单有效展示组织绩效 ● 要学会与员工分享精益成果
情景6	如何运用问题解决方法来解决精益转型过程中遇到的问题	● 使用结构性问题的解决方法,解决精益转型中出现的问题 ● 学会使用A3报告,并将A3报告扩展到组织绩效管理的各个方面
情景7	如何从组织绩效向个人绩效扩展和传递	将组织的绩效传递到员工,建立个人绩效目标,但重要的是,绩效管理的目的是为帮助员工制定个人发展计划,培养员工的技能

（续）

情景	提出的主要问题	本书给出的答案
情景8	如何保持精益转型中的持续变革	• 让领导成为对精益有无比热情的精益专家 • 建立高绩效团队 • 全员参与改善 • 培养持续变革的领导力
情景9	智能工厂下，如何理解精益管理的角色	• 精益转型是智能制造的根基和必由之路，机器人和高级软件的简单堆积，绝不等同于智能制造 • 关注顾客需求，因为顾客决定价值 • 建立高绩效的组织和流程 • 关注员工的成长和发展 • 企业的愿景和目标要超越短期利润而关注长期发展 • 培养超越低成本的企业核心竞争力

根据冰山理论，大家看到精益生产方式中诸如价值流、单元化生产设计、看板拉动、安灯系统等工具只是丰田生产方式的技术性手段，隐藏在其背后的则是愿景、使命和战略管理等的长期规划，以及基于此对人员技能、领导力培养的系统管理方法。

作为《精益生产实践之旅》的姊妹篇，本书突出精益的系统性，同时继续体现其实践性、可操作性的特点，绝非是对丰田模式和文化的简单重复，而是通过情景和案例，使战略和绩效这个看似感性和宽泛的命题变得有趣生动，增加其可读性；同时，书中也展示了许多直观的图表，使读者易于理解书中的内容，并且容易操作、实施和应用，从而帮助企业把这些精益理念真正应用到企业经营的整个管理流程中。通过阅读本书，相信读者可以对精益有一个超越精益工具更加全面和系统的认识，如果读者想对其中提到的精益工具有更深入的了解，建议同时阅读《精益生产实践之旅》一书。

同时需要说明的是，学习任何一种管理模式，都不能简单地进行复制，精益转型中的战略和绩效管理同样也是如此。企业必须要结合组织自身特点以及所处的环境，走适合自己的精益之路，培育与企业核心竞争力相辅相成的文化，如此才能在未来的发展中紧跟时代潮流，永续经营。

在本书的写作过程中，感谢派克汉尼汾流体连接件（青岛）有限公司财务经理郭薇对情景5关于精益财务方面内容提出的修改建议；也感谢青岛昌隆文具有限公司副总朱丹对情景5再次提出宝贵建议；也感谢我身边每一个热爱精益并期待本书出版的好朋友们，他们是：青岛易安达国际物流有限公司副总经理高爱强，青岛伦敦杜蕾斯有限公司持续改善经理戴磊，青岛天启自动化有限公司总经理魏常锋……，正是他们的鼓励与支持，才使我能够坚持把本书写作完成。

我也感谢我的妻子和女儿，有了他们的支持，我才有写作的动力。另外，在本书的出版过程中，感谢标杆精益益友会会长、广东精益管理研究院院长郭光宇先生的推荐。

由于本人水平有限，书中难免有疏漏之处，敬请广大读者不吝指正。

作　者

目 录

精益推行三年后的HG公司——
精益改善不等于精益转型

HG（Higher Grade）公司是一家生产紧固件产品的国内公司，成立于20世纪90年代初期，到目前为止已经有近30年的历史，2015年前他们开始导入精益生产。刚开始的时候，总经理和他们的管理团队对精益生产充满了热情和期待，从组织培训，外出参观，到工厂内精益生产的大力推广，三年当中，大家做了很多工作。到目前为止，工厂应用了不少的精益工具，比如价值流的生产方式，单元化布局调整，以及拉动系统，等等，现场也有许多明显的改善和提高。

不过，三年之后，大家的热情似乎逐渐消退，管理团队的成员感觉精益推行到了一个瓶颈期，准确地说是没有了方向感和缺少了前进的动力。现在，就让我们一起走进HG公司，来了解一下公司的情况，也听听大家的困惑和问题。

1. HG 公司的组织架构（图1-1）

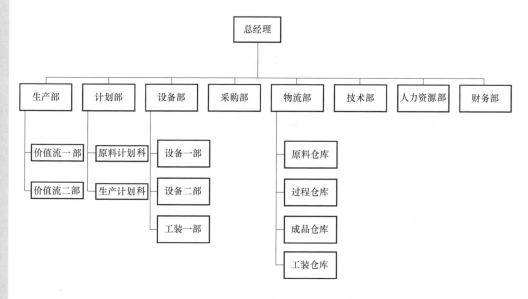

图 1-1　HG 公司的组织架构

从 HG 公司的组织架构来看，虽然他们按照精益生产的模式成立了价值流部门，但是价值流还是形式上的价值流，因为价值流部门从职责上看，还是属于整个生产部门。

2. 大家的困惑和对精益的感受

总经理：王希望

"三年前公司开始推行精益生产，经历了很多艰难和曲折，也确实收到了不少成效。最初成立了精益推行委员会，在组织了很多培训之后，大家就开始推行各种精益改善活动，开始所有的活动我都亲自参加，也有很好的推动力，但是后来由于业务发展的需要，我不可能参加所有的活动，就授权给其他人。"

"当然，我觉得我也不应该把精力完全放在精益这一件事情上，我还要关注市场，关注公司的整个经营情况。不过，现在我明显地感觉到，只要我不亲自进行推动，精益推行就缺少了动力，甚至很快就会出现较大幅度的倒退。"

"另外，我自己也有些困惑，就是精益管理模式和企业运营到底如何更好地结合？我想二者一定是相辅相成，相得益彰的，但我的感觉却好像是二者出现了分层，也就是说，没有把精益管理模式和企业整体运营完全有机地结合在一起。"

价值流经理：吕新

"在最近的三年时间里，大家在精益改善方面做了不少工作，也取得了一些成绩，但是总感觉还是属于局部改善活动。生产部门名字改成了价值流部门，但是价值流部门关心的仍然仅仅是生产那点事儿，对于价值流整体绩效的控制还是没有更多的空间去施展拳脚。比如，对于目前存在的交货问题，供应商供货不及时是个主要问题，其中很重要的一个原因就是许多供应商是在我国的南方，距离工厂比较远，但是由于他们的价格优势，也就妥协了。"

"目前我们的名字改成了价值流部门，我们承担的责任比以前多了不少，但是其他部门的配合度并没有提高多少，我们总感觉还是在夹缝中生存，想依靠所谓的'权力'，实际上也没有这个权力，想依靠影响力吧，但可以影响的程度又有限。"

"还有，就是在精益活动开展的过程中，如何让基层管理人员和员工更多地参与，如何调动大家的积极性，而非仅仅依靠自上而下的推动力。当然也包括如何从精神和物质上激励员工这样的问题，大家取得了成绩，比如生产率提高了，质量提高了，如何让大家共享成果，保持持续的积极性。虽然之前公司也为部分的优秀精益项目给了一定的奖励，但总感觉缺少一个长效激励机制。"

采购经理：徐美丽

"我也知道如果供应商距离工厂远了，不方便管理，各种因素会造成物料短缺的问题，也会增加拉动库存，生产部门也因此对我抱怨很多，但是我也有自己的苦衷。我的一项主要职责和工作就是降低原材料价格，我们工厂在北方，以前也试图开发一些本地企业，但是成本就是做不下来，南方企业的成本就是低呀，虽然距离远了点，运费增加了一些，但是相比本地供应商的价格，总体还是合算的呀。"

人力资源部经理：刘芳

"精益开展以来，公司建立了一些主要的绩效指标，但是总感觉并没有形成一个完整的精益绩效考核系统。究竟如何应用精益的方法，把公司的组织绩效扩展到部门，再与个人绩效挂钩，这是我们人力资源部门未来需要开展的工作。"

"另外，建立公司的精益文化也与我们人力资源部密不可分。如何改善团队的合作意识，如何提高管理人员的领导力，如何培养人才，这些都是需要研究的课题。"

财务经理：郭远

"精益应该主要是生产部门的事情吧？虽然也提到成本费用的控制，但是这也没有什么特别的呀，就是公司不推行精益，也需要对成本费用进行控制。我们每年有几件事情必须要做：首先，组织各部门编制预算是必需的；其次是成本降低计划；另外就是每月的财务报表。当然这些是与公司内部有关的工作，并不包括工商、税务、审计等外部的工作。"

"之前也听说过精益财务和会计的说法，但目前对此还并不了解，究竟如何按照精益的方法对财务管理进行转型，如何更好地为生产一线服务，我们还没有形成一个完善的精益财务管理系统。"

现场领班：王志

"三年前我们公司开始推行精益生产，大家对精益这个词越来越熟悉，但是在实际的活动中参与较少，更多的是被动执行。比如，现场工程师下发了标准化作业书，里面规定了某个产品的作业时间是185秒，我们就按照185秒来计算产量，至于是如何得到的这个结果，我们就不知道了，事实上，根据现场员工和我们的经验，可以有好的方法使标准化作业更加合理有效。"

精益转型的误区

在推行精益的过程中，存在很多误区。就像HG公司一样，虽然导入精益已经三年了，但是并没有完成真正意义上的精益转型。通常来说，精益转型过程中存在以下误区：

（1）没有把精益与公司的愿景、经营战略相结合

没有把精益与公司的愿景、经营战略相结合，只是把精益看作战略要素之一，

或者仅仅是实现公司经营战略的战术而已。

大多数公司认为，精益只是精益生产、精益制造，最多扩展到精益物流，所以其应用就只能局限在一个较小的范围之内。进一步来说，往往是生产部门的精益和局部的精益，一旦涉及非生产部门，涉及组织变革、职责调整，精益就无法深入下去了，更不用说那些本来就属于深层次和软性管理的精益文化以及精益思想了。

但是局部的精益改善并不等于精益转型，充其量只是批量精益工具的应用。企业如果想真正把精益推行成功，需要的是成功的精益转型，即需要从传统的管理模式到精益模式的全方位转型，这就包括了从顶层设计到精益工具的具体应用，从愿景、战略制定到具体方案实施，从生产价值流到非生产部门的改进等的各个方面，而精益方法、模式和思维始终贯穿其中。企业进行精益转型时，必须要思考这些问题：把企业带往何方？如何永续经营？如何实现企业的目标？如何形成自上而下的方针引领和领导力？打造什么样的团队？如何建立自上而下推动参与和自下而上主动改善的高绩效支持体系等。

精益绝不是单纯的工具，而是一个系统，所以精益转型的过程会涵盖从企业整体战略规划到系统实施的各个层面和环节。但是，对于大部分企业来讲，和 HG 公司一样，精益的推行始终停留在技术层面，缺少在战略层面上的思考，尽管在初期，精益的技术手段是必要的。

（2）没有建立真正支撑精益的文化和价值观

基于长期经营而非实现短期目标，这是最重要的精益原则之一。比如，在大多数公司里，推行精益的初期是精益生产方式的快速导入，其目的也是为了获得立竿见影的快速收益。在对传统生产模式进行微小的改进之后，随之而来的就是大幅裁员、员工工作量的增加，这样从一开始，大家就把精益和精减人员等同起来。由于缺乏对人员长期投入和培养的机制，最终无法在企业形成鼓舞人心的士气，也难以形成真正支撑精益的文化和价值观，精益成为企业短期的"强心针"。

（3）高层领导并没有成为真正的精益专家，对精益浅尝辄止，没有深入理解精益的精髓

高层领导将精益授权给精益部门或者仅仅依靠外来的精益专家，自己参与甚少，对精益一知半解，所以精益的推行只能停留在几个局部的改善项目上，无法实现真正的精益转型，也缺少持续改善的动力。推行精益并非因为流行和为了短期的利益，而是长久的坚持所带来的持续改善和收益，但前提一定是领导者的不断坚持。质量管理体系八项原则同样强调"领导作用"，但它更多需要的是领导的态度和支持，不一定非要让领导成为质量专家。但对于成功实现精益转型的企业，不仅需要领导的态度和强大支持，更需要领导本身是熟练应用精益方法的专家。

（4）忽视对领导力和团队的培养

很多推行精益的组织，对精益工具比较重视，却忽略了对管理者领导力和团队的培养。领导的观念还是基于传统的管理方式，方法简单，缺少对员工的尊重和科

学管理方法的应用。也正是由于领导力的缺乏，无法把团队打造成互相合作、为实现共同目标而共同努力的团队。

经常见到的情况是，刚开始推行精益时，大家热火朝天、信心百倍，在初见成效之后，很快就因为缺少持续改善的动力而大幅倒退的状况。持续改善动力的缺乏大多是由于没有形成精益管理系统和标准，也缺少后续的监督和控制以及领导本身的松懈，也就是所谓的"死于自然死亡"。甚至有的时候，领导成了精益规则的最大破坏者，比如遇到交货问题，立即会忽略对库存的管理规则，通过建立库存来解决问题；管理者本身没有做到长期坚持和始终如一的贯彻，使得目视化管理不能有效执行等。

（5）缺少对员工的尊重和有效激励

很多推行精益失败的企业，只知道强力推动，缺少对员工的尊重和有效激励，最终难以形成持续的改善动力。

对员工的尊重表现在对员工的充分授权、科学的管理等各个方面；对员工的激励不仅包括升职、加薪等物质方面的内容，也包括员工的个人发展、良好的工作氛围，以及合理的精神奖励等各个层面。

推行精益的初期，可能需要强有力的推动力，但最终需要形成自上而下指导和自下而上主动改善的工作氛围，使员工既可以共享改善成果，又可以通过参与改善的活动，不断学习，从而提高个人和组织的绩效。

回顾精益

1. 用"过程方法"看精益

毋庸置疑，精益生产的创始者丰田公司依靠精益模式在过去五十年来赢得了巨大的收益，而其他进行精益转型的公司也同样受益匪浅。这里不会花太多的篇幅来介绍精益的基础工具，但需要重新回顾精益背后的基本原则和精神，而这恰恰是精益的本质和核心。这些原则经常被我们忘记或者熟视无睹，即使对于那些已经推行精益很长时间的企业亦然。所以需要不断强调，直至变成条件反射。

产品或者服务价值的形成过程包含三个方面：

1）概念的形成。

2）价值形成的过程。

3）传递价值。

概念的形成一定是基于对客户某种需求的满足，而客户需求包含了客户显性需求和客户潜在需求。无论是何种需求，其来源都必须是客户，而这个过程是一个由客户拉动的过程。随着互联网和大数据时代的来临，我们不能被动等待客户的反应，而是需要对客户数据进行分析，挖掘客户潜在需求。总之，概念形成的目的是为客户提供它想要的并且愿意承担的价值。

把概念变成客户想要的产品和服务，就是价值的形成过程。在精益价值流中，大家已经非常清楚一件事情，那就是产品或服务实际在过程中的增值时间（Value Added Time，简称 VAT）远远小于其在过程中的传递时间，即非增值时间（Lead Time，简称 LT），其比例小于 5%，也就是说 95% 以上的时间属于浪费，是可以进行改善的部分。我们用更加简洁的过程图来说明这个过程，如图 1-2 所示。

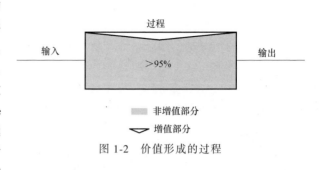

图 1-2　价值形成的过程

输入部分包括：

1）概念、规范、标准、要求等各种信息。

2）人、机、料、法、环等各部分。

输出部分包括：满足客户需求，使客户可以享受到高品质、低成本的产品和服务，当然也包括对客户最短的交货期和快速反应。

过程：输入到输出的价值形成过程。

以"少和精"的输入获得"多和益"的输出，消除一切过程中的不增值部分，这就是精益之道。这个过程按照类别可以分为生产型的过程和非生产型的支持过程，或者是物料的流动和信息流动相结合的过程，等等。

2. 精益思想的 5 原则

在由詹姆斯 P. 沃迈克和丹尼尔 T. 琼斯 1995 年著作出版的《精益思想》一书中，从理论的高度概括了精益生产的管理思维和原则，并说明精益生产的管理方式不只适用于生产制造部门，而同样适用于整个组织的运营系统，以及其他非制造的服务行业；不仅是一种生产组织的实践模式，而且已经变成一种先进的"管理思想"。精益思想提出核心的 5 个精益原则是：

1）从客户的角度看待和决定价值。

2）确定价值形成的价值流。

3）让价值形成的过程流动起来。

4）客户拉动需求。

5）追求完美。

这 5 个精益的原则精辟概括了丰田生产模式背后的思想，为所有学习和推行精益生产的企业提供了基本的指导方针。无论是制造业还是服务业，让客户感受到产品的价值，感受到企业的价值，才是企业赖以生存的根本之道。企业在创造整个价值的时候，以最简单的流程来实现，从而减少浪费，增加自身收益，并将收益分享和回馈给利益相关方，从而使企业可以永续经营，尽善尽美，这是精益的核心所在。

3. 丰田生产的 DNA

史蒂文·斯比尔和肯特·鲍恩于 1998 年在《哈佛商业评论》上发表一篇名为《破译丰田生产体系的 DNA》的文章，其中总结了丰田卓越制造的四项基本原则。经过 20 多年的实践，许多企业已经熟悉了这些原则在制造和生产流程中的应用。这些原则表面上是概括丰田生产模式的，但在此我们更希望将这些原则的应用引申扩展到企业的各个管理层面，当然包括本书即将主要阐述的战略和绩效管理。

（1）所有工作的内容、次序、时间和结果都必须明确规定

可以将此原则理解为对工作进行"标准化"，不仅包括生产线人员的操作流程标准化，也包括非生产型流程的标准化。尤其对于非生产型流程，首先要识别对关键业务有重要影响的主要流程，然后再进行标准化。这些内容包括大到企业的战略管理，小到部门职能流程。

很多公司对于战略的管理，大多虎头蛇尾，缺少标准流程。一个战略确定好之后，可能五年、十年不会再去关注，难怪很多人认为战略管理只是形式主义，有时是领导者的临时决策，有时是为建立某种体系不得已而为之的表面工作。战略制定好之后，很快成为挂在墙上的摆设，即或有一些行动措施，但很快又被束之高阁，尘封在角落里无人问津，因为对于战略管理缺少标准流程。

（2）每一种客户和供应商关系都必须是直接的

每一种客户和供应商关系都必须是直接的，而且有一个明确的"是或不是"的方法，来发出要求和接收答复。最初这项原则强调的是上、下游之间拉动的原则，即客户或者下道工序给上道工序发出开始或者停止的指令。

经常听说很多传统企业推行"零库存"的政策，但所谓的零库存其实是把企业自身的库存转嫁给了上游的供应商，让供应商准备许多库存；有的企业干脆让供应商在自己的工厂内放置大量原材料，随用随取。这样的零库存方法，完全违背精益的原则，将客户和供应商的关系变成了推动和一厢情愿的关系，完全没有从战略高度来考虑整个价值流的优化。企业需要和供应商一道，以精益的方法设置合理库存（超市），并用拉动的方式进行控制，这样的方法同样适用于企业和客户之间的联系。

对于企业管理层和基层的层级管理，最佳的方式是：企业的方针、战略、目标和价值观能够被各层级充分理解，同时形成自下而上的主动改善体系。如果基层员工在充分授权的条件下，可以实现与上级的拉动关系，那势必会大大增加管理的效率和员工的士气。为使拉动式的管理可以有效运行，应提前确定需要完成的任务和达到的目标，这样才可以使任务执行者有明确的行动方向。关于目标界限条件的授权水平，在情景 8 介绍高绩效团队时，会进行详细的说明和解释。

（3）每一种产品和服务的流程路线都必须简单而直接

使产品在形成的过程中，沿着价值形成的流程路线顺畅流动，这样简单而直接

的过程可以使价值最大化。产品如此，其他非生产性方面的管理亦如此。很多企业不断强调执行力，但是大多数企业的执行力却并没有提升多少，原因并非是员工本身的素质问题，而是由于复杂的管理流程。比如，多层级的组织架构、职责重叠、多部门审批、多头指挥、沟通断层、缺乏授权员工的积极性无法发挥等。即使已经推行精益好多年的企业，重点关注的还是基层员工的工作效率，而组织的效率却依然处于相对较低的水平。所以，简单和直接一定是企业高效运转的前提。

很多人已经非常熟悉生产型价值流图。在推动模式下，与整个生产周期（Lead Time）相比，工序的增值时间（Value added time）会很小。推而广之，对于非生产型价值流图来说，有效的工作时间占整个的等待时间是微不足道的。我们设计的所谓可以加强内部管理的流程（很多管理者认为这是他的价值，甚至为此沾沾自喜），并没有带来价值，反而因为流程的复杂造成了许许多多看不见的浪费。

图 1-3 是 HG 公司目前辅料（非 BOM 材料）采购的价值流图。可以看出，实际真正的过程处理时间只有 30~45 分钟，而等待的时间却需要 5~15 天，由此可以理解对流程的简化是何等重要！

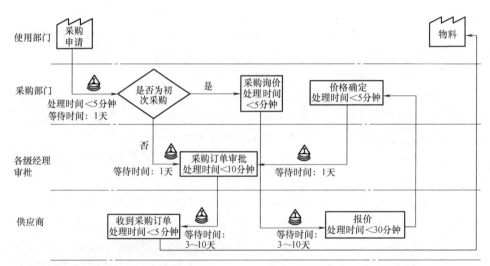

等待时间：5~15 天
实际过程处理时间：30~45 分钟

图 1-3　HG 公司辅料采购价值流图

（4）所有的改进都必须按照科学的方法，在老师的指导下、在尽可能低的组织层面上进行

按照科学的方法制定企业目标，管理实现目标的过程。每一个层级的改善必须依照科学和系统的方法进行，比如改善（Kaizen）、5 个为什么（5 Why）、问题解决（A3 报告）等。其中的老师并非一定是外来的精益专家（初期可能需要），领导一定要充当老师、教练和引导者的角色（这些角色是随时转化的，并

且随着团队的成熟，老师的角色比例应该越来越小），而非趾高气扬的下命令者和指挥者。

从尽可能低的层级开始解决问题，对最低层级的员工进行授权，充分发挥每个人的潜力，人人都要承担责任，并愿意以系统的方法进行改善，达到目标。精益企业的"目标管理"必须是在员工主动改善、乐于承担职责的氛围下进行，这样才可以最大限度地激发大家的潜能，与组织并肩前行。通常所说的"千斤重担大家挑，人人头上有指标"，还要加上一句"自下而上来改善，激发潜能更高效"。

要想使尽可能低的层面参与改进和改善，精益改善提案是非常好的一种方法，在丰田，称之为"创意功夫"，和过去国内企业提到的"合理化建议"有些类似。通过这项制度，就可以使更多的人员参与到精益改善工作中来。

当然，员工的参与还不只如此，他们的参与是在精益开展的各个环节，比如在制定标准化作业的时候，需要基层员工一起参与；在进行3P活动的时候，需要基层员工一起参与；在进行问题解决的时候，需要基层员工一起参与；在日常对单元绩效如安全（Safety）、质量（Quality）、效率（Productivity）、成本（Cost）、准时交货率（On Time Delivery）以及库存水平（Inventory）的改善时，需要基层员工一起参与……

以上这些规则要求对流程和活动之间的关系进行明确定义，然后依靠简单和直接的系统来发现问题并持续改进，这样使得看似并不灵活的系统却可以容易适应不断变化的环境。

企业的战略和目标通过系统的方法可以不断更新和与时俱进，比如互联网时代，不可能继续使用10年前的战略来带领企业前进，这是战略管理的关键点。

关于老师的作用，这里要强调两点：精益工具的理论并不难，但实际操作的时候，就会有很多问题，所以需要有老师给予现场实际的指导，即使如此也同样需要践行者的勇气和决心；另外当精益已经推行一段时间，比如最初的3到5年之后，仍然需要老师不断地鞭策和督促，很多公司在自己公司的董事会里安排几位精益专家，为的是随时提醒大家按照精益方式来决策和行动。

不要让精益企业成为一个迷宫

在HG公司，通过各种的精益培训，大家对精益工具以及精益的实施过程已经不陌生了，例如精益生产中包含的价值流、流动、均衡化生产、看板拉动等工具都在被应用，同时在其他非生产部门也在尝试推行一些价值流、精益改善提案等的方法。但是正如HG公司总经理和其他人员所感受到的那样，这些方法的应用，似乎并未形成很好的合力，从而带来整体作用和效果，甚至有的时候是属于为了应用精益工具而在形式上开展的一些工作，反而出现更多的浪费。

特别是由于之前引进了精益企业体系评估标准，目的本来很好，结果反倒把一些工作和流程搞复杂了。比如财务部门为了统计各个车间的费用，制作了许多表格，但事实上却给生产部门和本部门带来很多额外的工作；人力资源部门实施所谓的人力成本改善项目，结果造成生产线瓶颈工序人员不足，影响了整个价值流的整体绩效，等等，让大家感觉"精益系统"成了一个复杂的迷宫。

精益转型的过程

现在，让我们再回顾一下精益转型实施路标，如图 1-4 所示。导入精益的企业，通常会经历以下几个过程：心动期、行动期、成长期、稳定期以及成熟期。在这 5 个时期，企业会开展不同的活动：

1）回顾企业的整体经营战略。

2）精益知识导入。

3）内部精益活动。

4）精益的扩展。

5）企业战略的再调整。

在精益体系搭建的过程中，很重要的一件事情就是企业应该在经营公司的战略层面来思考精益的地位，将精益提升为一种战略，因为这将决定企业实施精益的速度、广度、深度，以及未来持续时间的长度。非常关键的是，让精益从开始就被认为是和企业最终的经营成果所联系的，绝不是赶时髦，更不是花拳绣腿。

事实上，对于大多数企业来说，刚开始导入精益的时候也许并不会立刻在战略的层面进行深入思考，大家只把精益作为生产改善的方法，所以这个时候，精益更多地是被认为是一种工具（尽管我们也认为采取立竿见影快速提升企业绩效的方法，会增加企业继续前进的兴趣和动力）。这时，企业主要的关注点是如何进行精益知识的导入，如何开展精益活动（精益的活动也是局部的改善活动），如何满

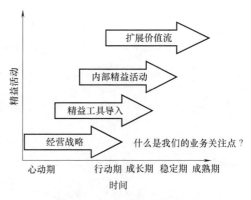

图 1-4　精益转型实施路标

足所谓精益企业的标准，等等。但是随着精益推行的深入，人们就会发现，如果企业没有把精益提高到战略高度，那么精益就无法持续和深入进行，甚至半途而废。有的领导把精益工作委托给精益部门，认为这样就可以把精益推行成功，这种想法

是完全错误的。正如《丰田模式》一书的作者所指出的，一个危机可能促使公司采取精益行动，但未必会促成公司进行真正的变革。精益不只是治疗企业痛点的西医手术，更是企业强身健体的系统中医疗法；精益不是改善活动组合工具，乃是企业长期发展的经营之道。

精益转型需要较长的时间，从传统企业到完成初步的精益转型，可能需要3~5年。全面实现精益转型，真正变成精益企业，是一个很长的过程，需要各层级管理人员特别是领导者的持续贯彻和恒久坚持。随着环境的变化，不断通过系统来再调整企业战略，建立系统的精益战略管理模式，并且可以按照PDCA循环的模式不断改善和提高，从而使企业持续进步、永续经营。

真正的精益转型企业

很多人已经非常熟悉"丰田精益屋"，它是对精益生产模式的高度概括。引申一下，这里也用一个屋子来概括精益转型企业的组成和结构，如图1-5所示。

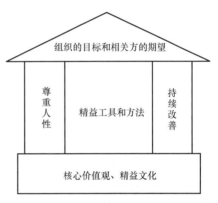

图 1-5　精益转型组织构成屋

上面这个简单的"屋子"可以说明，真正的精益转型企业一定是把精益工具和方法培植在精益文化的土壤之中，并时刻与企业的核心价值观紧密相连。没有基本价值取向的支撑，精益势必会成为无源之水，当然企业战略的制定和部署过程也同样是精益文化创建过程的一部分。企业的战略为未来确定了方向，精益改善和精益工具一定是为战略所设计的目标提供方法，并服务于企业的整体战略，而战略也是这些工具得以有效实施和长期发挥作用的支撑和保障。

对于精益转型成功的企业，就其内部运营而言，首先是以价值流管理为基础的，其他支持部门则是服务于这些价值流部门（一个企业根据产品的分类，可以有很多个价值流），他们的价值就是体现在产品或者服务形成的价值流过程中的，而公司的整体战略的实现同样是基于这些价值流部门工作的绩效。图1-6所示是基于价值流管理的精益企业展示图，精益会计服务于价值流，提供改善依据；在供应商、企业和客户之间的精益物流同样是服务于价值流；其他采购部门、人力资源部门等支持性部门都是围绕价值的产生过程来开展自身的业务。总之，一个精益转型的企业，是以实现公司的愿景和经营战略目标为主线，实现过程价值创造最大化的模式运行。

最初的时候，企业推行精益的目的可能很简单，就是使企业能够降低成本，获

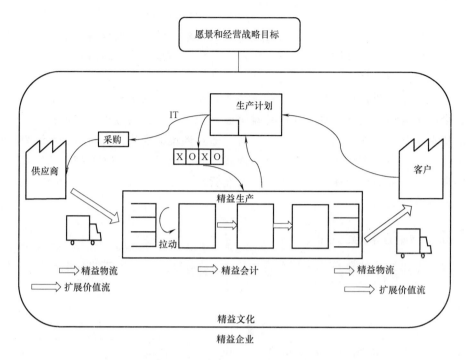

图 1-6　以价值流为基础的精益企业

得较大的利润。事实上这只是推行精益的目的之一，更重要的目的则是能够满足与组织相关联（包括顾客、股东、员工、供应商等相关方）的需求和期望。其中最重要的是使顾客感到价值，这一观点在制定精益战略时是要考虑的最重要的因素。考虑了相关方的需求，会为企业长期发展、永续经营带来长远的影响。比如，对于客户来说，如果他们发现某企业可以提供最佳品质、最低成本、最快交货速度的产品，一定会给该企业提供更多的订单；对于供应商来说，他们通过和这些推行精益的企业合作，可以更加有计划地供应产品，并且由于企业的辅导使自身得到提高，从而双方有更加稳定和长久的合作……

对于计划或者正在进行精益转型的企业，可以参考"精益组织成熟度方格"来判断自己企业精益转型的推进程度，见表 1-1。正如我们在精益实施路标中所说的，当企业进入到成长期的时候，就应该开始尝试通过精益战略策划、部署的方式来制定公司的运营战略，然后以此为宗旨，把握精益方向，从而全面实施精益，完成真正的精益转型。

在精益组织成熟度评价的标准中，不仅包含企业内部的精益化体系搭建，同样需要扩展到与之相关的上下游。因为，对于成功进行精益转型的企业，是基于客户确定正确价值的企业，这个价值形成的过程涵盖产品研发、制造、销售的各个环节，也就是说精益需要在营销、供应链和生产运营的各个层面发挥作用。

表 1-1 精益组织成熟度方格

类别	心动期	行动期	成长期	稳定期	成熟期
精益活动	• 大概了解了精益生产的一些基本概念，没有系统的理论知识 • 企业几乎没有精益方面的活动 • 有改进的想法，但并未付诸实施 • 只有少数人参加或接触过精益的培训	• 管理人员开始系统接受有关精益知识的培训 • 考虑从战略上部署精益实施计划 • 初步了解到浪费的概念，并认识到改善的重要性和紧迫性 • 开始尝试应用实际应用精益工具，但未感觉到精益工具的理解和应用效果 • 对精益工具的理解和应用不够深入，团队成员之间有较多的不一致和争论	• 尝试通过精益战略策划、部署的方式来制定公司运营战略 • 从一个价值流开始实施精益：绘制价值流图，尝试流动和拉动的精益生产模式 • 建立了简单有效的精益财务绩效评估指标，逐渐看到精益所带来的收益 • 建立并使用精益评估体系来评价精益的实施状况，找出差距，并制定改善计划持续推进精益进程 • 精益的活动主要集中于生产领域	• 精益战略策划和部署基本实施 • 初步的精益财务管理方式 • 管理人员熟练掌握精益工具 • 所有员工都接受了关于浪费的培训 • 80%的员工接受了问题解决技能的培训 • 80%以上的产品系列绘制了现在和将来价值流图 • 精益被推广到非生产部门和供应商，对整体价值链的优化 • 精益活动被建立，生产过程流畅、稳定，关键绩效指标被大幅改善 • 改善的文化逐渐形成 • 基本建立了精益的基础，管理人员具备了科学的现场管理技能 • 现场整洁、有序，运转流畅 • 基于防错、波动控制而达成的稳定产品品质	• 精益变成企业的思维和文化 • 成熟的员工现场管理技能 • 通过精益战略实现持续成功 • 和部署并实现精益持续成功的战略 • 成熟的精益财务管理和精益会计方法 • 公司有许多精益改善团队或者QCC圈，利用精益工具进行改善活动，100%的员工参与改善活动 • 通过扩展价值流，使组织和供应商以及客户形成良好的战略合作伙伴关系，实现整个价值链的精益和价值最大化 • 大量防错装置的使用 • 6西格玛品质

（续）

类别	启动期	行动期	成长期	稳定期	成熟期
组织特点	• 传统部门门式的组织架构 • 管理层处在控制地位 • 改善活动是由管理层主导的自上而下进行推动的活动 • 员工的活动以领导"指示"为主 • 没有专门的精益推动组织或部门	• 传统部门门式的组织架构，但是管理层开始考虑对部门式的结构进行改变 • 管理层处在控制地位 • 改善活动虽是员工的想法是以管理层为主导，但是员工缺是以决策的依据 • 设立精益部门，并协助管理层来推动精益生产 • 员工了解组织的愿景与战略，但感觉与之关系不大	• 传统部门门式的组织架构逐渐被打破，开始以产品族来划分价值流和部门设置 • 管理层的控制地位逐渐弱化，协调部门间工作渐弱 • 设立精益部门，并协助管理层来推动精益生产 • 员工了解组织的愿景与战略 • 需要持续激发员工士气	• 以产品族来划分价值流，以价值最大化的模式来设置部门 • 员工可以做出适当的决策，但是需要咨询管理层与地位 • 管理层处在提供资源与参与地位 • 各部门主动进行精益改善，精益部门进行参与和指导 • 员工认同组织的愿景与战略 • 良好的员工士气	• 整个公司致力于精益战略的全面实施，不断进行精益资源开发并不断向外扩展 • 管理层充分授权，改善活动是自下而上的拉动模式 • 员工自行制定方向，并在未批准的情况下（在一定界限内）采取行动 • 管理层与员工的关系是委托和联络的关系 • 员工认同组织的愿景，并认为个人努力与发展是与之相联系 • 可以感受到的高绩效组织 • 行业内的精益标杆 • 高昂的员工士气
员工授权程度	非常低	较低	中	较高	非常高

再次扬帆起航

这一天，HG公司的会议室气氛热烈，总经理王希望组织各个部门的负责人正在召开一个重大会议，会议的主题叫作：精益转型和企业的未来。

在会议中，大家回顾了HG公司这三年的精益推行工作，取得的成绩是有目共睹的，但主要的问题是始终把精益作为一种工具用来进行局部的改善，没有从战略的高度将精益和公司的经营战略相结合，没有完成真正的精益转型，距离真正的精益企业还有很大差距。

最后，总经理王希望说："我们对精益的理解存在着较大的偏差，属于管中窥豹，现在我们要全面进行精益转型。要把精益和公司的发展战略有机结合，作为我们制胜战略的一个重要组成部分，使它成为我们绩效目标实现的强大动力。企业始终要把精益作为一种追求，做任何事时都不要忘记从客户的角度看待价值，消除浪费，我们不再把追求改善活动的数量作为精益推行好坏的标准，而要不断提高各个流程创造价值的能力。"

"目前为止，HG公司的精益体系仅仅是初步建立，刚才已经说了我们必须重新认识和推动精益，当前，精益工作的任务就是从公司战略高度确定组织方向，设计组织目标，然后扩展到部门，再到员工，从管理层的领导力到员工的不断成长，从精益工具到精益文化，争取把HG公司在未来的3~5年内打造成一个让客户感受到价值，让员工不断成长的公司。"

听了总经理的发言，大家的热情重新被点燃，决定再次扬帆起航……

本 章 小 结

要避免精益转型的误区，这些误区包括：没有把精益与公司的愿景和战略相结合，认为精益只是一种进行局部改善的工具；没有建立支撑精益的文化、理念和价值观；高层领导甚少参与；忽视领导力和团队的培养以及缺少对员工的尊重和有效激励等。需要注意的是，所有的精益方法都是为了创造价值而存在，不要让精益成为一个迷宫。

一个真正精益转型成功的企业，一定是把精益工具和方法培植在精益文化的土壤之中，并时刻与企业的核心价值观紧密相连，同时精益改善和精益工具为战略所涉及的绩效提供方法并服务于企业的整体战略，并且创造一种过程价值最大化的经营模式。

扩 展 思 考

阅读完本章的内容，请仔细思考以下问题，并建议在空白页写下答案：

1. 你的企业目前如何看待精益？

2. 如何避免实施精益的误区？

3. 如果你的企业已经开始推行精益，按照精益实施路标和精益成熟度方格的评估标准，来评估处于哪个阶段？差距在哪里？该如何做？

4. 你的企业多久没有关注公司的愿景、方针和战略了？

5. 你认为如何完成真正的精益转型？

6. 你还有哪些体会？

7. 你将如何行动？

我们该如何行动?——认识
精益战略策划和部署

在 HG 公司发展的这 20 多年历程中,企业在管理上也尝试了很多方法,他们曾经在 10 年前聘请过一家咨询公司,专门为公司做了战略管理方面的培训和辅导,最后也确定了公司的使命、愿景以及战略,这些内容就挂在公司的大厅里。当时大家是花了不少时间和心思来讨论和确定这些内容的,随着时间的推移,虽然这些内容还是悬挂在公司显眼的位置,但大家对具体内容已经变得熟视无睹,因为每个人并没有觉得它们对公司的管理起到多大作用,准确地说,这些"高大上"的东西和每天实际的工作并没有直接的联系,这也是为什么它们在最近十年的时间里被"尘封"起来的原因。

虽然总经理的发言让人兴奋,但大家也有不少疑问,精益转型中的战略部署和通常的战略管理有什么不同呢,会不会又变成一种形式主义呢?如何将这些通常被认为虚无的内容和各部门的精益活动真正联系起来呢?

高级管理者应该首先关注什么

HG 公司目前的状况,确实是很多正在推行精益的企业所面临的问题,主要的原因是没有形成对战略的系统管理,作为企业的高层管理者,缺少科学的时间管理,也谈不上精益领导力,他们把自己的主要精力放在具体事务的处理上面,看似非常繁忙,但并没有抓住工作的重点。

在公司,精益体系虽然初步建立,但管理者始终把精益作为一个解决局部问题的工具,没有把它作为企业战略管理的一部分,所以精益转型企业的领导者不能只是把对点"改善"的关注作为精益的工作重点,而是要遵守下面几个重要原则(不仅是精益,从管理的角度而言也应该如此)。

1) 高级管理者必须把他们大部分的时间花在思考使企业长期发展的战略管理方面,而不只是对基础业务的改善方面。也就是说,高级管理者要成为一个关注业务长期发展(Work on the business)的管理者,而非一头扎在繁忙事务(Work in

the business）中，没有时间抬头来看未来发展方向的管理者。根据二维象限法则，高级管理者的主要关注点就是战略策划和部署，它属于重要但不紧急事项，这样的事项是需要长期持续关注的，如图 2-1 所示。

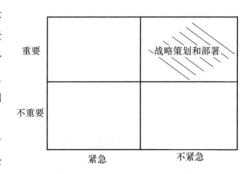

图 2-1　业务的二维象限分类

2）高级管理者如果想把自己从业务的基础改善方面解放出来的话，前提条件是把自己的基础业务管理好，而精益转型就是其中一个重要的方法，当然还涉及管理者授权能力的问题。

3）一线管理者的大部分时间应该花费在对基础业务的执行和改善方面，另外一项重要任务就是执行高级管理者的决策，不同层级管理者的时间分配如图 2-2 所示。

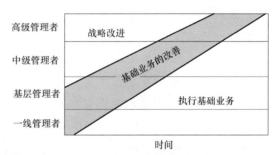

图 2-2　不同层级管理者的工作与时间分配

讨论一个有趣的问题：精益转型过程中，企业中哪一层的阻力最大呢？通常的回答是中层，为什么呢？因为中层承担着战略策划、基础业务改善以及执行基础业务的工作，起着承上启下的作用，所以管理者应该关注中层管理人员的重要作用，使其既要具有一定战略的高度和眼光，又要有严格的执行能力。

什么是精益战略策划和部署

企业战略管理的提出是在 20 世纪七八十年代的时候，通常被认为是企业高层应该承担的一项重要责任，其目的是确定企业的使命、愿景和具体的战略目标，并通过对企业所处的外部环境、资源以及内部优势等的整合进行战略管理和实施，以便达到已确定目标。

企业战略管理具有长远性、全局性，涉及企业未来发展方向，关系重大资源调配等许多宏观方面的内容，加上企业对战略的具体实施和展开缺少真正有效的管理，所以经常被认为是比较"虚无"的东西，HG 公司的情况就代表了许多国内企业在战略管理方面的真实状况，虽然引进了一些看似流行的管理方式，但事实上只是在形式上做了些文章，并未理解其背后真实的内涵，所以也就很难付诸实施。

那么，什么是精益战略策划和部署呢？

精益战略策划和部署是一个组织对未来进行计划并付诸实施和管理的过程，该过程涉及以下几个主要方面。

1）明确组织的愿景与使命。

2）愿景和使命实现的沟通过程。

3）未来发展的计划。

4）聚焦于突破性目标的实现。

5）确定突破性目标实现所需要的具体资源。

6）持续的 PDCA 过程。

7）具体的措施和行动计划。

8）与战略匹配所进行的必要性改变。

9）通过战略部署的过程使愿景与使命成为真实的行动。

在丰田公司有完整的方针管理，日语称为 Hoshin Kanri，其中的"Ho"表示方向，"Shin"表示针，合起来就是指南针，即组织的方向，也就是方针的意思；"Kan"表示控制，"Ri"表示逻辑，即组织的管理控制，Hoshin Kanri 合起来就表示方针管理。

在进行精益转型的企业里，大家通常把 Hoshin Kanri 又称作战略管理规划（Strategy deployment），是指将组织的各项功能和活动与企业战略目标相结合的过程，它不是一个空洞无物的设想或者框架，而是一个具体的计划，包括组织的长期目标、突破性的目标、年度分解目标、具体行动计划以及跟踪反馈等活动。

为了让大家在概念上不产生误解，我们更愿意使用"精益战略策划和部署"（在本书之后的章节中统一称之为精益战略策划和部署）来描述精益转型中的战略管理过程，也就是说，精益战略策划和部署实际上包含了战略的策划以及部署这两个过程。

引用彼得·德鲁克说过的话，主管人员很重要的责任就是首先保证"做正确的事，即效能"，然后才是"正确地做事，即效率"，该思想与战略策划和部署的关系是：

战略策划＝做正确的事

战略部署＝正确地做事

精益战略策划和管理的过程是基于严格的 PDCA 循环的，通过战略策划、战略目标、行动措施、A3 报告这几个过程，形成对战略目标确定、量化、实施跟踪以及纠偏的完整闭环，从而保证组织战略目标的最终实现。战略策划和部署确定企业发展的方向和目标，然后通过精益工具对价值流、改善项目以及行动措施这些相关的实现过程进行管理，这样就使批量精益工具的应用和改善真正发挥作用，做到有的放矢，如图 2-3 所示。

进一步讲，精益战略策划和部署是以愿景为基石，在组织的各个层面，包括集团、事业部、工厂、价值流部门、单元乃至个人对战略目标进行层级展开的过程。

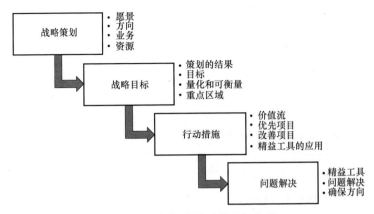

图 2-3　组织战略展开的逻辑关系

精益战略策划和部署从广义上讲是组织绩效的管理系统，是对组织的绩效目标自上而下传递、沟通和自下而上反馈、执行的过程，如图 2-4 所示，关于如何形成以精益战略策划和部署为驱动的绩效联动机制，在情景 4 中将进行详细的说明。

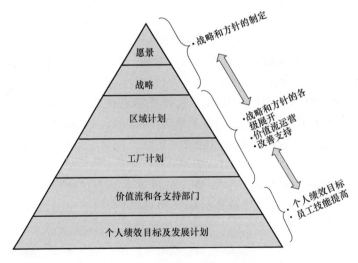

图 2-4　组织的战略展开层级

精益战略策划和部署具有以下功能。

1）反映客户的需求。

2）战略目标清晰、简洁、关注重点，并易于整个组织理解的目标。

3）包含愿景、使命以及战略策划和部署。

4）每个部分之间必须具有相互关联的逻辑关系。

5）目标和过程的完美结合。

6）规范的持续改善系统。

"目标管理"和"精益战略策划和部署"的区别 ◀◀◀

组织需要目标，而目标的实现需要管理，这是西方现代管理学中很重要的观点，目标管理是管理学大师彼得·德鲁克最早在 20 世纪 50 年代出版的《管理的实践》一书中提出的概念，这个概念一经提出，就被绝大多数企业所认可。

目标管理（Management by Objective，MBO）是传统战略管理经常使用的方法，很多企业同样使用目标管理对战略进行分解，各层级管理人员也都可以承担相应的分解目标，其核心思想是组织要将自己的使命和任务转化为具体的目标，而管理者的首要责任就是为组织和各层级人员设定目标，通过目标管理，各级人员可以在工作中实行"自我控制"，从而自上而下地保证组织目标的实现。

单纯从概念上来说，许多人认为目标管理和精益战略策划和部署二者主要的任务都是对方针和战略管理的方法，并没有本质的区别。但是对于传统的目标管理，其中一个最大的问题，就是从战略制定之初，员工几乎没有参与，完全属于从上而下的一种活动，这个活动就是为了确定组织和个人绩效目标的，经常出现的问题是，组织目标太过复杂，分解目标也非常多，事无巨细，缺少主次，最后战略管理本身变成了一种浪费和负担。在这里，绝非要否定"目标管理"，恰恰相反，精益战略策划和部署同样是为了实现组织的目标，不同的是精益战略策划和部署使这个实现的过程更加合理和富有成效，所以二者还是存在着细微但至关重要的差异，我们可以通过表 2-1 来比较它们的不同。

表 2-1 目标管理 V. S. 精益战略策划和部署之一

目标管理	精益战略策划和部署
• 少数高层领导者的决定 • 自上而下的推动 • 以部门为单位 • 更多关注目标达成的结果 • 常被当作绩效管理的"代名词" • 传统的考核指标 • 常常与"奖金"强烈相关	• 自上而下的策划和自下而上参与 • 既关注目标实现的结果，也关注目标达成的过程 • 识别价值形成的过程，并以价值流为基本单位，然后到班组、单元，并强调团队绩效 • 系统控制的方法，如使用 A3 报告对过程中出现的偏差进行纠正等 • 关注组织绩效的同时关注员工的学习与成长 • 与精益体系相匹配的指标体系 • 应用精益工具进行改善（Kaizen）以达成目标 • 可视化

为了进一步理解它们之间的这些差别，我们来看看目标管理与精益战略策划和部署对组织战略目标实施过程和结果方面所持的不同态度，见表2-2所示。

表2-2 目标管理 V.S. 精益战略策划和部署之二

过程管理	取得的结果	目标管理的观点	精益战略策划和部署的观点
差	差	差	差
差	好	好	这是"幸运"
好	差	差	这不可能
好	好	好	好

精益战略策划和部署是用正确的方法策划并管理战略目标实施的过程，从而确保目标的实现，组织绩效是管理出来的，不是评价出来的，也不是制定出来，放在每个人的头上就自动实现了，就高枕无忧了，这还远远不够。精益战略策划和部署的作用是使结果发生（Make it happen），而非等待结果的发生（Wait it happen），是主动而非被动，这就是为什么说丰田的生产系统具有纠偏功能的原因。

回顾 HG 公司成立的这 20 年的历史，最开始的时候，总经理王希望带领一帮人开始创业，大家并不懂什么愿景、战略的概念，但是，很快在不到 5 年的时间里，HG 公司就占领了中国紧固件行业市场 30% 的份额，并在中国市场赚取了巨额的利润。看到如此丰厚的收益，公司不断扩大规模，不仅在中国市场的占有率不断扩大，同时在国外市场也取得了很好的成绩，可以说到 2008 年的这十年间，HG 公司的发展还是非常成功的。

但是自从 2008 年开始，由于国内企业不断发展壮大，HG 公司原来的产品技术优势就显得没那么明显了；同时随着国内 GDP 增速的逐渐放慢，HG 公司的销售增长也明显放慢，甚至在最近几年里出现较大幅度的萎缩状况，公司经营遇到了前所未有的挑战，管理层之所以决定推行精益，也正是由于现在面对艰难环境所做出的选择。

现在让我们来思考一个问题：过去 HG 公司的成功是归功于它的战略还是更多由于中国市场本身的高速增长？虽然我们不能否认他们确实抓住了外部的机遇以及自身的能力，但在这样的历史机遇中，对于大多数的公司，稍微努力一点，大家都实现了高速增长，所以说，HG 公司发展的重要因素之一就是中国市场的巨大需求，即自然红利回报，正如吉姆·柯林斯在《基业长青》一书中提出的 ROL（Return of Luck）的概念，意思是说，"回报来源于幸运"，我们在此使用这个概念，就是希望企业的持续成功和其制胜战略有着强烈的正相关关系，而非仅仅是因为碰到了好运气。

事实上，在中国 30 年高速改革和发展的这段时间里，和 HG 公司一样的许多企业因为抓住了这个难得的机遇而获得了快速的发展和成长，轻松获得了丰厚的收益，但是随着时间的推移，市场竞争越来越激烈，客户要求越来越高，有不少企业因为没能跟上时代的脚步，纷纷被淘汰出局。在这个日新月异，快速发展的时代，不仅中国的企业如此，就是许多曾经知名的国外跨国公司，比如柯达、诺基亚也并未因其家喻户晓的名声和气势恢宏的规模而高枕无忧，究其原因，就是因为这些企业没有审时度势，对客户需求、市场变化以及竞争对手进行仔细的分析，及时调整战略方向，培养新的核心竞争力，结果只能成为明日黄花，曾经的辉煌只能成为大家的记忆……

精益战略策划和部署的意义

　　如果简单地用一句话来概括精益战略策划和部署的作用和意义，那就是，管理者承诺组织要达到的长远目标，然后付诸行动，最终完成使命，取得成果，实现愿景。进一步将其扩展，精益战略策划和部署的重要意义应该包含：

　　1）使愿景和使命成为企业真正的指引方向，知道我们要到哪里去。

　　2）建立以数据为基础和依据的战略管理方法。

　　3）通过突破性目标的选择明确组织的具体行动方向，分阶段和步骤实施战略。

　　4）凝聚主要资源和力量，放在重点的行动计划上。

　　5）建立了整个组织的绩效管理沟通体系。

　　6）精益工具作为最好的消除浪费、创造价值的方法来帮助实施这个过程。

　　7）组织绩效的持续改善。

　　8）创造尊重员工的氛围，使员工在团队中学习技能，不断成长。

通过精益战略策划和部署，企业可以明确未来的发展方向，并通过统一上下思想，调动相关资源以及管理制度的保证，使战略得以实施。如果一个组织没有清晰的战略方向，其他层级的行动一定就难以形成合力。如果一个战略的形成仅仅是从上而下的命令，虽然可以确定组织的大致方向，但是仍然会影响到整体合力的效果，而精益战略策划和部署则是通过从上至下方向确定以及从下而上执行承诺的方式，使组织形成真正一致的方向和合力的最大化，上面描述的差异点，如图 2-5 所示。

　　作为精益转型的企业，如果要想发挥精益战略策划和部署的作用，必须注意以下几个方面。

　　1）必须改变原有传统的管理流程，按照 PDCA 的原则管理精益战略策划和部署实施的过程。

　　2）有一个正确和清晰的目标。

　　3）超越原有日常管理的基础和方式，让精益战略策划和部署从更高层次来发

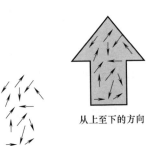

从上至下的方向和从下而上的承诺

从上至下的方向

没有战略方向

图 2-5　战略管理的作用

挥作用。

4）管理精益战略策划和部署的实施过程、及时纠偏，并且必要时进行及时的调整。

5）完整的绩效联动系统。

精益战略策划和部署的成熟度评价

现在，幸运的是，HG 公司开始行动了。

在推行精益三年后，他们不再把批量改善作为精益的目标，因为批量改善并不等于真正的精益转型，他们开始从战略的高度来重新认识精益，基于精益方针管理的方式进行战略策划和部署，然后再以精益工具进行过程的执行。

但是，这并非一件容易的事情，企业要想完成精益转型，需要较长的过程，这个过程至少要 5 年以上，甚至更长，其实是永无止境，当然必须有着对战略进行科学和严格管理的过程。我们引用 ISO 组织《追求组织的持续成功 质量管理方法》ISO 9004：2009 标准中关于战略和方针的评价准则，作为精益战略策划和部署成熟度评估的参考标准见表 2-3。在这个标准中，包含三个过程，即战略和方针的制定、战略和方针的展开以及战略和方针的沟通，精益战略策划和部署的过程就是这三个过程的完整体现，即企业创造卓越业绩来源于优秀的战略管理方法和举措，并非来源于运气。

精益战略策划和部署是企业"整合卓越"⊖的过程，其战略举措包括标杆对比、优化业务流程、依靠团队进行持续改进，其战略重点目标是包含客户、股东和员工的整个链条的需求均衡化和价值最大化。

⊖ 整合卓越是科尼尔"卓越层次"系统中的提法，前两个层次分别是：管控卓越，其战略目标重点是降低成本，另外一个是业绩卓越，其战略重点是质量和劳动生产率的改进。

表2-3 精益战略策划和部署的成熟度评价

阶段	成熟度等级				
	等级1	等级2	等级3	等级4	等级5
战略和方针的制定	• 以临时性方式实施策划过程 • 仅制定部分战略和方针目标 • 战略和方针制定时的输入是临时性考虑了与产品和财务相关的方面	• 建立了制定战略和方针的结构化过程 • 质量和方针制定时考虑了对顾客需求的分析，以及对法律法规要求的分析	• 战略和方针制定过程包含了对更宽范围的相关方①需求和期望的分析 • 在评价相关方的需求和期望后，制定计划 • 策划过程考虑了组织外部的变化趋势和相关方的需求，且能在需要时做必要的再调整 • 成果能与以往的战略方法相关联	• 以系统的方法制定了战略、方针和目标。战略和方针覆盖了与相关方相关联的方面 • 组织战略和方针制定过程的输出与相关方的需求一致 • 制定计划前，考虑了成功、机会和资源的可获得性并做了评估 • 建立了计划的定期评审策划过程	• 能证实是组织的战略使组织实现了其目标，并很好地均衡了相关方的需求 • 相关方积极做出了贡献，且组织的成功保持相关方的贡献程度 • 组织有信心保持成功 • 建立了有效的监视和报告机制，包括相关方对策划过程的反馈
战略和方针的展开	• 在日常运作中设定并展开了短期目标 • 制定了产品实现的战略目标	• 将战略和方针转化为组织不同层次的目标 • 制定计划时均衡地考虑了顾客的需求和期望 • 战略、顾客需求被明确地落实到过程和目标中 • 组织将这些作为绩效评审和审核的基础	• 对实施组织战略目标进行了测量。 • 对实施进展情况的进展与计划的正负偏差进行了分析并采取了改进措施	• 在组织的每一过程和层次都确定了可测量的目标，并且这些目标与组织的战略相一致 • 随着战略的变化，对管理体系进行评审和更新 • 对实现目标的进展情况的测量结果表明具有良好趋势	• 利用对组织环境的监测和分析数据，定期对战略、计划和方针的情况进行评审和更新 • 对以往绩效进行的分析能证实在绩效成功地应对了显现的或未预见的挑战
战略和方针的沟通	• 以反应式的方式进行沟通	• 对内部和外部沟通过程做出了规定并予以实施	• 建立了向组织相关人员沟通战略和计划的有效机制	• 将方针变更的情况与有关的相关方和组织的所有层次进行沟通	• 定期评审沟通过程的有效性 • 有证据表明沟通过程满足了相关方的需求

注：组织在单个要素的当前成熟度等级是指已达到的，与某一准则之间没有差距的最高等级。
① 相关方指的是顾客、股东、员工、供应商和合作伙伴以及社会。

本 章 小 结

精益战略策划和部署是以愿景为基石,在组织的各个层面,包括集团、事业部、工厂、价值流部门、单元乃至个人对战略目标进行层级展开的过程。精益战略策划和部署从广义上讲是组织绩效的管理系统,是对组织的绩效目标自上而下传递、沟通和自下而上反馈、执行的过程。

精益战略策划和部署是用正确的方法策划并管理战略目标实施的过程,从而确保目标的实现,组织绩效是管理出来的,不是评价出来的,更不是制定出来,放在每个人的头上就自动实现了?就高枕无忧了?这还远远不够。精益战略策划和部署的作用是使结果发生,而非等待结果的发生,是主动而非被动,这就是为什么说丰田的生产系统具有纠偏功能的原因。

扩 展 思 考

阅读完本章的内容,请仔细思考以下问题,并建议你在空白页写下你的答案:

1. 如果你的企业已经开始推行精益,你是把精益看成是改善的工具,还是企业未来发展的战略选择?

2. 你是把更多的时间用在考虑企业(或部门)未来的发展方向上(Work on the business),还是像一个救火队员把时间主要用在日常管理和基础业务的改善上(Work in the business)?

3. 你有在公司(部门)层面和员工定期沟通关于公司(部门)的战略发展和计划吗?

4. 你还有哪些体会?

5. 你将如何行动?

从"布局"到"格局"——精益
战略策划和部署的七个步骤

价值流经理吕新在 HG 公司已经工作很长时间了，在最近三年的时间里，吕新和他的团队在精益活动中做了很多的工作，也取得了一些成绩，但是吕新总觉得精益改善还是停留在以生产部门为主的层面，似乎并没有感受到在公司更高层面上精益所带来的变化。

前不久总经理在会议上宣称要对公司的愿景、战略等进行认真的思考和讨论，吕新也没有太在意，因为他觉得公司的战略是个大话题，自己离它还比较遥远，所以对此并没有过多关注。但是过了几天，吕新没想到自己竟然有幸参加公司战略规划研讨会议，看来，总经理这次是动真格的了。因为，过去涉及战略的会议都是由董事会通过讨论来确定，而这次则是邀请了像吕新这样在公司工作 10 年以上的优秀部门经理一起参加，因为像吕新这样的员工在公司工作时间较长，对公司的实际运营和管理情况比较了解。

还别说，虽然公司的几个显著位置挂着公司的愿景、战略的牌子，并且自己的胸卡背面也印着这方面的内容，但是吕新还真没有认真阅读和理解过，因为要参加这次研讨会议，吕新第一次把 HG 公司的制胜战略进行了仔细的研究和学习。

……

研讨会结束之后，HG 公司新的战略终于新鲜出炉了，见表 3-1。

表 3-1　HG 公司的制胜战略

愿景	让客户感到价值,让员工不断成长			
战略	培养具有责任心的员工	• 关注员工的健康与安全 • 培养管理者领导力 • 全员参与持续改善活动	战略目标	• 零事故 • 80%以上的员工参与高绩效改善团队
	超出期望的客户体验和市场占有率的良性提高	• 最快的交货期 • 最优的产品质量 • 线上互联网销售平台 • 线下直销和服务		• 准时交货率>98% • 六西格玛的质量水平 • 两倍于 GDP 增速的市场增长率

（续）

愿景	让客户感到价值,让员工不断成长			
战略	卓越的内部管理流程	• 建立精益企业 • 提高库存周转率 • 不断提升的工作效率	战略目标	• 新产品销售额占总销售额的比例>20% • 不少于12次/年的库存周转率
	良好的财务绩效	• 价值供应链 • 持续改善的财务指标		• 15%以上的营业利润 • 20%以上的净资产回报率

在确定好公司的长期战略之后,公司开始组织对所有员工进行宣导,让每一个员工都了解公司的未来发展方向和目标,吕新第一次如此深入理解公司战略的意义和重要性。吕新兴奋地说:"之前我们运用精益工具对生产布局进行调整,现在是基于精益对公司长期发展战略做规划,这是从'布局'到'格局'的整体精益转变啊!"

学习平衡计分卡

在介绍精益战略策划和部署的过程之前,我们需要提到平衡计分卡(Balanced Score Card,BSC),它是企业进行战略管理的重要方法。

平衡计分卡(BSC)在20世纪90年代初由卡普兰和诺顿提出之后,很快成为全球通用的战略管理方法。我们不晓得当初他们两个人有没有关注到丰田的精益模式,不过无论是在企业愿景和经营战略制定方面,还是战略实施和管理,平衡计分卡(BSC)都提供了重要的理论指导。

平衡计分卡(BSC)包括财务绩效、客户、内部流程和学习成长四个维度,它的重要意义在十,企业在聚焦战略的时候,需要考虑财务和非财务绩效的平衡,其目的是使企业平衡发展而非仅仅关注过去以追求利润等财务指标为导向的一个方面,进一步讲,财务本身不应该成为实施战略的方法和途径,它应该是战略制定和管理的结果表现。图3-1是平衡计分卡中这四个维度的关系图,它们之间的关系应该这样描述:获得财务绩效是企业生存的基本条件和理由,而财务绩效则来源于客户和市场,如果要想获得市场和客户,则需要良好的内部流程予以支撑,这就离不开对员工的重

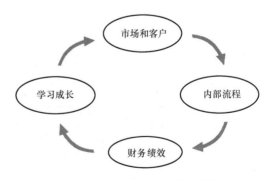

图 3-1　平衡计分卡中四维度之间的关系

视和培养,使他们获得良好的技能以及工作能力。

对于进行精益转型的企业,其目的固然是期望获得好的绩效表现,但是如果仅

仅只关注财务,这就没有深刻领会精益的精髓,往往会因为短视而牺牲企业的长期利益。企业在获得财务上的利润之后,还要学会如何与员工分享利润,如何使员工工作更有激情和富有效率。

平衡记分卡是战略管理很重要的方法,但是也有其局限性,比如缺少对社会责任和相关方的关注,在精益战略策划和部署的成熟度评价中,已经提到这方面的内容。

基于 PDCA 的精益战略策划和部署

在时间和方法的维度上,精益战略策划和部署分为七个过程,这几个过程是基于 PDCA 循环的驱动模式,如图 3-2 所示。

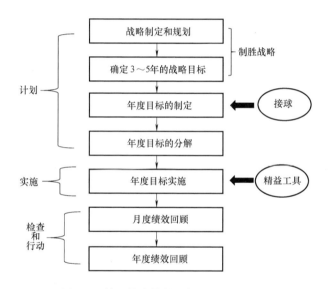

图 3-2　精益战略策划和部署的七个过程

战略策划和部署是严格遵守 PDCA 的管理过程,始终处于"受控"的状态,它是循序渐进和不断提升的过程,使企业首先在战略上做到方向清晰和目标明确,然后再纵向展开、持续跟踪、随时纠偏,从而达到对战略的系统管理。PDCA 的过程适用于上面提到的战略管理的各个层级,即集团、区域、工厂一直到价值流的各个支持层面。

(1)计划(Plan)阶段　计划阶段的主要目标是:

1)清晰判断目前的状态。

2)计划要成为的将来状态。

3)找出"现在"和"将来"之间的差距。

4)确定缩小和消除二者之间差距的措施。

5）资源需求。

在精益战略策划和部署中，计划阶段的内容包括：战略制定和规划、确定 3~5 年的战略目标、年度目标的制定、年度目标的分解这 4 个过程，计划的部分所占的比重最大，可见计划的重要性。

（2）实施（Do）　根据所确定的计划和措施予以实施，也就是"年度目标实施"的过程。有了完美的计划，必须付诸具体的行动，这个过程就需要运用各种精益工具和科学方法，有目的地开展工作。

（3）检查和反馈（Check）　检查和反馈的作用是：

1）监控和回顾执行的状态，了解是否按时达到预期的目标。

2）通过制度化定时的沟通，充分理解计划、措施和方法所带来结果的相关性。

3）避免突然的诧异，即可以及时了解结果，而不是突然发现严重偏离了方向，管理者才感到很诧异，但已经错失机会。

（4）行动（Act）　基于检查和反馈的输出，对最初计划进行更加符合实际变化而进行再次的调整。在精益战略策划和部署中，检查和行动的方法是通过月度、年度绩效回顾的方式，找出实施过程中的问题、差距，及时纠偏，确保企业始终行走在正确的轨道上。年度绩效回顾，不仅是对过去一年战略实施效果的评价，也是基于 3~5 年战略规划确定下一年度目标，进入下一个 PDCA 循环的过程。

战略制定和规划

战略制定和规划是精益战略策划和部署七步法的第一步，它包含了愿景、使命和战略策划几个方面，其中战略策划是基于对外部环境的分析以及内部能力分析的基础上确定如何实现愿景的过程。

1. 愿景、使命和价值观的意义

作为精益转型的企业，其目的是为了使企业可以永续经营，持续成功，每一个企业也应该首先对企业的使命、愿景和价值观予以思考，作为战略制定的终极目标和依据。但是许多人认为使命、愿景和价值观是虚无缥缈的东西，或者认为是大公司才应该考虑的内容，所以并不在意，即或有的公司由于其他目的不得已而为之，也终究是形式大于内容，正如之前介绍 HG 公司的状况就是如此。

现在让我们来仔细了解一下愿景、使命和价值观这些听起来比较大的概念：使命是企业存在和期待实现的目的；愿景则是实现使命所期望存在的状态，我们无须对使命和愿景的定义和区别进行细致的区分（二者并非泾渭分明），我们这里把它统称为愿景，它包含着企业在未来要实现的目标，而核心价值观则是确定愿景的前提条件，也是实现愿景所依据的基本准则和理念。对于一个企业，如果它的价值观只是无限追求利润，那么它的愿景必定是一叶障目，绝非高瞻远瞩。

刚开始 HG 公司的管理层在谈公司的愿景、使命和价值观的时候，大家还觉得这是高大上的东西，离自己的企业还比较远，准确地说，大家觉得有点虚无缥缈，认为这是大公司才应该谈的东西，也就是为了装饰一下公司表面上的管理，看起来显得正规化一点而已。但是，随着对丰田精益精髓的了解，大家逐渐改变了之前的认识。

正如肖老师所说的，对于个人来说，不仅需要知识，而且需要文化和素养，因为文化和素养是一个人做事的原则并决定其价值取向；对于企业来说，利润虽然非常重要，但是如果缺少了愿景和使命以及价值观，就会忽略企业存在的目的和其所承担的责任，终究难以实现基业长青和永续经营。相信不少人还记得"三鹿乳业集团"，1956 年成立的"幸福乳业生产合作社"是该企业的前身，历经 50 年发展，到 2006 年 6 月 15 日，三鹿集团与全球最大的乳品制造商之一新西兰恒天然集团合资，开始了其向国际化企业发展的进程。但不久之后的第三年发生了"毒奶粉事件"，从此这个企业就消失在人们的视野中，实在令人扼腕痛惜。究其原因，就是因为这个企业忽略了对企业基本价值取向的管理。所以，虽然企业的价值观似乎是一种相对感性的描述，但是一个企业如果真正崇尚其自身价值观，客户是可以从它的产品和服务中感受到它所奉行的价值观的。

不过迄今为止，对如何制定愿景和价值观并没有既定的标准流程和方法，但是对于它的作用和意义是非常清楚的：

1）使企业高瞻远瞩。

2）使企业更有责任感。

3）凝聚力。

4）方向性。

5）共同价值取向。

所以对于实施精益转型的企业，在进行精益战略策划和部署的过程中，同样要审视企业的愿景和价值观，并使之成为员工的愿景和价值观。

2. 如何制定愿景

丰田公司在 2011 年发布的"丰田全球发展愿景"，其内容是：提供安全放心、令人心动的驾乘感受，创造全球美好生活与富裕社会；每一个丰田人都在打造高品质，都在时刻追求领先于时代的创新技术，都秉持与地球环境友好相处的意识；在坚持"精益求精"和永无止境的改善精神的同时，将倾听来自支持丰田发展的顾客的心声，锐意革新，实现更高更远的目标。

众所周知，丰田的价值观包含：尊重员工、持续改善、挑战精神、真北原则、问题解决、现地现物等，对照上面 2011 年"丰田全球发展愿景"，处处体现着对背后价值观的深刻诠释，在愿景实现的过程中，也同样基于这些基本的价值观。

愿景组成的基本要素是：

1）简单、明了。

2）富有挑战并激动人心。

3）包含远大的目标。

4）较长时间的指导意义。

5）对价值观和信仰的体现。

在实施精益转型的过程中，领导者需要重新审视企业的愿景。首先组织一个具有代表性的团队，大家一起讨论企业担负的责任、未来的发展方向以及想要成为的理想状态。可以使用头脑风暴法，集思广益，寻找共同点，并总结出为实现这些共同点而需要遵循的基本原则以及价值取向。不要小看这个过程，或许一个企业在成立之初，只是为了能够在市场中占有一席之地并实现赢利这一单纯的目的，并没有真正考虑过企业的长远目标以及价值理念。制定好愿景之后，要进行从上而下的宣贯并付诸实施，让每个人觉得有方向和责任感，同时，价值观的宣贯也应该是一个不断坚持和强化的过程，比如每年对价值观的持续学习，都是非常必要的。另外，一旦出现与企业价值观相悖的人和事，都必须立刻进行纠正，以此强化大家对价值观的认同。践行价值观，需要付诸行动，不要说在嘴上，挂在墙上，一旦遇到一点风吹草动，所有的规则就被吹落到了地上。

战略制定和规划是进行战略部署的基础，如果从开始企业的战略就存在问题，即使战略部署进行得再精细和科学也是枉然，所谓的"南辕北辙"就是如此，因为方向决定成败，方向错了，再快的速度也没有价值。

3. 使用 IS -IS NOT 法了解现有业务状况

在制定战略之前，首先要对目前的运营状况进行分析，通过 IS -IS NOT 法，确定企业目前的业务情况，具体应用方法见表3-2。这个过程使大家了解几个方面：我们目前的业务是什么？我们在这些业务上表现如何？我们存在哪些问题？了解目前状态的过程也是对业务进行取舍的过程，因为战略制定和策划不仅是决定做什么和如何做的过程，也是选择不做什么的一个过程，选择和合理的放弃也是一种智慧。

表 3-2　判断现有业务状态的 IS-IS NOT 法

内容	IS	IS NOT
What(什么)	什么是目前的业务？	什么不是？（或者应该放弃）
Where(哪里)	在哪方面已经有好的发展？	在哪方面不足？
When(何时)	什么时候可以扩展新的模式、市场、客户、流程等？	何时是进行扩张、收缩、放弃的恰当时间？
How(如何)	如何保持现有的市场、客户？如何发展将来的市场、客户？培养何种竞争力？	
How much(多少)	现在的业务和绩效表现：市场占有率、客户满意度、员工满意度、过程能力、盈利能力……	

丰田公司在 2009 年的时候，就曾做出放弃公司原定的占领全球汽车市场份额 15%的雄伟目标，而将重心转为回归到汽车质量与用户需求上。

HG 公司最近将一个生产低压产品的工厂卖给了另外一家公司，这个决定就是基于对自身业务范围判断后做出的，因为这种低压产品是应用在汽车上，所以该工厂就属于汽车行业的配件制造工厂，这和 HG 公司的高压产品的业务和行业定位并不吻合，最终做出放弃该工厂业务的决定。了解自身业务当前状态的过程也是审视市场定位、业务范围的过程，也是决定"有所为"和"有所不为"的过程。

4. SWOT 分析法进行战略策划

作为一家企业，一定具备三种基本的职能，即营销、运营和财务，所以在进行 SWOT 分析的时候，同样需要对内、外部因素影响这三种职能的情况进行关注。

（1）外部的机会和威胁

1）市场。企业必须对自身业务有着明确和清晰的业务定位，这个定位过程是战略策划过程的重要组成部分，通常使用 PESTLE 模型来进行分析和判断市场中存在的机会。PESTLE 模型包含了影响业务的六个方面因素，即政治因素（Political factors）、经济因素（Economic factors）、社会因素（Social factors）、技术因素（Technological factors）、环境因素（Environmental factors）、法律因素（Legal factors）等。通过对这几个关键因素的分析，充分识别企业外部条件的变化趋势，从而尽可能在战略策划上做到对市场和业务判断的客观性和之后战略部署的未来性。

丰田公司在 2015 年发表了"丰田环境挑战 2050"战略，一方面该战略主要是针对当前人类面临的气候变化、水资源缺乏、资源枯竭等环境问题，丰田对自身所担负的责任进行承诺，即实现"使汽车产生的负面影响无限接近于零"和"为社会带来正能量"目标；另一方面可以看出丰田是基于对目前环境因素变化，将打造绿色汽车作为开拓市场的核心业务要素。

特别是随着互联网、物联网以及工业机器人等技术的快速发展，信息和机器人技术对企业的影响变得越来越大，企业必须考虑这些要素对自身的影响。既不能为赶潮流一哄而上，又不能反应迟钝，抱着原来的模式无动于衷，确实要进行认真、细致的分析，决定如何应用这些技术提高企业对市场的反应能力，丰田公司基于对信息技术发展趋势的分析，计划推出自己的自动驾驶汽车。

HG 公司在进行战略确定的时候，也提出很重要的一点，那就是要针对市场需求进行产品创新的市场战略定位，并通过新产品作为提高销售额的途径，而非通过低价策略来占领和扩大市场。

2）客户。保持和发展市场，归根结底是对终端客户需求和期望的满足乃至超越。作为精益战略策划，更应该从价值链的角度来审视如何为客户提供卓越的体验，比如最短的交货期、高品质的产品、最低的价格以及快速的反应等。

每当提到关注客户，绝大多数人都认同客户第一、顾客至上这一观点。但是在实际的操作过程中，却并没有真正为顾客提供有价值的产品和服务，其中一个非常关键的原因就是，企业并没有站在顾客的角度去理解他们真实的需求，然后去定义价值。因此，在战略策划的时候要充分了解客户真正的需求、期望、感受。丰田汽车在美国可以打开局面、占领市场的真正原因，就是不仅在价格和质量上有巨大优势，而且满足了客户多样化的个性需求。

3）竞争对手。"知己知彼，百战不殆"。对于竞争对手要进行充分的分析，对外要了解目前市场的占领情况、客户的感受和评价的状况；对内则要了解其管理流程、技术水平、产品创新、人员能力等水平。如果竞争对手是行业内一流的优秀企业，则要将其作为标杆企业，不断去学习，继而超越。除此以外，尤其需要关注的是，在信息时代，未来企业间的模式绝对不是简单的竞争关系，而是既竞争又合作的关系，企业在制定战略时，要考虑整个供应链战略，如供应商的合作、外包管理等。

对市场、顾客、竞争对手的分析过程，就是发掘其中所存在的机会和威胁的过程，并通过不断提问的方式，找出企业未来战略的关注点和方向，比如，如何保持现有的市场？未来市场的增长点在哪里？客户偏好变化的影响如何？扩大市场的方法是什么（销售模式、并购、海外市场等）？

（2）内部优势和劣势

在分析内部优势和劣势的时候，重点对以下几个方面进行分析：

1）产品和服务。在对顾客需求分析的基础上，明确目前产品和服务所满足顾客的需求，以及为顾客所提供的价值。一个必须回答的问题是，和竞争对手相比，自身产品和服务有哪些优势和劣势？同质化和差异化的程度如何？还有哪些机会是竞争对手所缺失的？这就是对未来产品和服务优势培养的重点。特别需要注意的是，即使企业的战略最终确定为低成本战略，价格因素也只是其中的一个方面，最终还是离不开产品性能以及对顾客需求的价值满足上。

丰田公司之所以能够在 20 世纪八九十年代占领美国市场，凭借的不仅仅是价格的优势，其出类拔萃的高品质也是强有力的支撑，同时在外观和车型设计上也凭借多样、美观、舒适的优势保持着对顾客多样化和个性化需求的强大吸引力。

2）创新能力。创新是永不过时的主题。创新不仅包括产品创新，也包括服务和管理创新，比如对企业内部以及整个价值链进行优化的管理创新也包括其中。产品创新是企业保持持续成功的动力，是未来占领市场的关键。创新的方法包括很多，比如全新技术（材料、工艺方法等）的突破、模仿性技术创新、孵化型联合创新等。

为了充分了解企业在创新方面的能力，需要回答的问题是：基于客户的需求，如何建立创新战略？目前的技术和管理如何支持创新战略？如何以创新来满足客户获得市场？

3）管理流程。管理流程涵盖的方面很广，首先是使产品和服务实现的运营过程，然后延伸到整个供应链，再就是对市场、客户的管理过程等。在质量管理中，对过程的定义是"从输入到输出"，精益就是使输入最小且恰当，又达到价值输出的最大化，而且整个过程又可以处于"受控"的状态。

精益模式是先进的管理流程，不仅会在运营方面，也包括组织其他职能管理的各个方面可以发挥作用。现在很多企业模仿丰田公司导入精益模式（不仅是精益，也包括曾经风靡一时的六西格玛、全面质量管理等），但成功的却并不多，其主要原因是止于模仿，只能做到形似而不能神似。甚至包括很多大公司，其严重的问题就是大企业病，精益战略在这些公司之所以没能显得卓有成效，其主要原因就是组织过于复杂，流程管理僵化，官僚主义严重，可能在精益技术方面取得了一些成效，但是在公司的整体管理方面却没有改变，精益没有能够进入深水区。

所以企业在进行战略策划的时候，要充分分析目前流程对战略实施的支持和灵活变化程度，找出自身流程管理的不足。

4）团队和个人的成长与学习。组织的成长过程一定伴随着团队和个人的成长。如何进行组织设计？如何沟通？如何激励？如何培养团队和个人的技能？这些都是战略管理中在人力资源方面需要思考的问题。

（3）战略确定

通过 SWOT 分析法，对外部的机会和威胁以及内部的优势和劣势进行充分识别，找出现在的核心竞争力，这些核心竞争力就是保持企业现在基础业务的能力，需要维持和加强；同时要发现和明确将来要培养的核心竞争力和战略制胜要素，以赢得客户和占领市场。市场瞬息万变，现有的核心竞争力，在未来可能就不再是核心竞争力，而未来的核心竞争力必须要快速变成今天的核心竞争力，这就是战略制定的目的和意义。

另外，在确定未来核心竞争力的战略要素和目标的时候，还必须要考虑其实现的可行性，既要高瞻远瞩，又不能好高骛远。所以，市场机会、未来所需要的核心竞争力以及实现的可行性这三者的交集部分，才是战略策划的主要关注点，如图 3-3 所示。

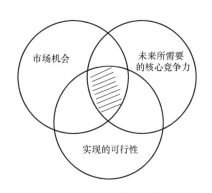

图 3-3　战略选择三环图

在进行战略策划的时候，还要关注以下信息：

1）市场和客户需求的主要变化。

2）与过去一年相比所取得的进步和存在的问题，以及内外部环境的变化。

3）目标和行动。

4）过去的财务绩效。

HG 公司在确定两倍于 GDP 增速的市场增长率这一战略目标的时候，其整体战略是依据开发新产品的差异化战略来实现的，这一战略目标的确定是基于对外部市场、环境以及内部流程、人员素质、工艺能力等这些综合要素所确定的，而非通过低价竞争的低成本战略或者是并购、多元化等战略来完成的。

确定 3~5 年的突破性目标

确定 3~5 年的突破性目标是精益战略策划和部署七步法的第二步，它是战略策划之后的具体实施过程，顾名思义，它突出体现两个关键点：一个是体现 3~5 年的时间概念，另外一个是"突破性"的要求。3~5 年的突破性目标，代表了企业在某个层面上重要的实质性提高，通过该目标的实现，企业可以到达一个前所未有的水平，并可以持续保持。

有人说，由于互联网的发展，时代变化太快了，一年已经很长，更不用说是 3~5 年，制定 3~5 年的目标有什么意义。这个理解是错误的，互联网改变的是媒介和方法，但是企业为客户提供什么样的价值，要成为什么样的企业，如何进行产品创新和赢得市场，互联网并不能解决这些问题，所谓未雨绸缪就是这个道理，只是在考虑外部因素影响时，互联网是要考虑的重点内容。

1. 什么是突破性目标

在了解什么是突破性目标之前，我们首先来看看与之相对应的基础业务目标，那么究竟哪个方面是基础业务指标呢？所谓的基础业务指标具有这些特点：

1）例行的每日的责任。

2）有限的多功能活动。

3）有标准化作业。

4）只能带来较小收益的提高和改善。

5）通过关键的绩效指标进行衡量。

所谓的突破性目标，是组织在未来要达的具有重大突破状态的描述，它不同于通常意义的小目标，通过小的改善方法就可以达到，而是在战略层面支撑下所要实现的重大目标。进一步讲，突破性目标是战略策划的具体表达和战略策划成功程度的衡量，二者相结合构成了完整的制胜战略，即战略制定+突破性目标＝制胜战略。

2. 如何制定 3~5 年的突破性目标

（1）制定 3~5 年的突破性目标的关键点

在制定 3~5 年的突破性目标时，根据在第一步战略策划所进行的各种因素分析，重点关注下面这些关键点：

1）客户的声音。

2）产品组合。

3）当前企业绩效。

4）目前业务状况，包括对客户、供应商等整个价值链的分析。

5）财务指标，包括年销售收入、盈利能力、成本、库存。

6）标杆企业的水平。

（2）找到战略目标的重心

所谓突破性目标，必须体现"聚焦"，把80%的精力花在20%"少数关键"的要素上，通常这样的关键目标最多不要超过5个，它们或者是关于未来市场拓展的，或者是有关内部运营管理的，抑或是与财务有关的……。这些目标一定是对企业未来发展，实现跨越的至关重要的项目。

（3）制定突破性目标的 SMART 原则

SMART 原则已经为许多人所熟悉，它是制定和衡量目标有效性的 5 项基本原则：

1）S 代表 Specific：具体的，要清楚描述要达到的状态，所以尽量要用名词、量词和动词来表达，少用形容词。比如，获得15%的利润增长、缩短交货周期到 7 天以内等。

2）M 代表 Measurable：可测量的，即容易用数字衡量，而非感觉，即使是诸如客户感受、员工满意等表达感谢的目标也要用数字表达，否则就没有意义。

3）A 代表 Attainable：可达到的，即目标既要合理、可以达到，又不能唾手可得，没有太大挑战性，通常可以参考企业自身过去的水平即起跳点（JOP）以及标杆企业的状况。

4）R 代表 Relevant：相关的，即战略目标与战略本身相关联，与组织业务、方向相一致，而非风马牛不相及。

5）T 代表 Time-bound：有时间限制的，×年×月……

这里再次强调 SMART 原则，是作为提醒，不要因为制胜战略所涉及的题目比较大，就因此忽略了对具体"目标"的准确定义和表达，仅有战略描述，却没有具体可实施的衡量标准，这就缺少可操作性，等于纸上谈兵。

突破性目标范例

1）市场

• 销售额在 3 年内达到 3.6 亿元人民币；

• 有机增长高出市场 20%；

• 获得铁路市场 60% 的市场份额；

……

2）财务类

• 在 2019 年，净利润达到 X%；

- 获得 X% 的净资产收益率；
- 现金流达到 2018 年净收入；

……

3）运营类

- 个位数的客户退货率 PPM$^{\ominus}$；
- X% 不良成本的降低；
- 超过 X 次的库存周转率；
- 准时交货率>X%；
- 涉及运营类核心指标；

……

涉及运营类的几个核心指标包括：安全、质量、效率、成本、准时交货率以及库存水平，这几个指标相互制约，彼此平衡，可以综合反映运营的整体状况，这几个指标通常被称为精益核心指标（丰田公司还包括评价士气方面的指标，如出勤率、员工满意度等），我们会在情景 4 进行详细的说明。

3. 关于业务基础的说明

我们一直在强调业务的突破性目标，与之相对应的则是业务基础，那么究竟哪些属于业务基础范畴呢？业务基础就是指日常进行的，例行的、有固定流程可以遵循的，维持业务正常运作的基本事务，并且这些业务通常已经有可参照的常规 KPI（Key Performance Indicator）进行管理。

业务基础的范例：

- 输入客户订单，如评价客户订单输入的准确性和及时性；
- 处理采购订单，比如采购订单处理的及时性；
- 完成日常生产任务，比如日产量、周产量等；
- 进行质量审核；
- 仓库收货；
- 推行车间 5S；

……

4. 使用突破性目标有效性检查清单来验证 3~5 年突破性目标

下面的检查清单可以帮助我们判断突破性目标的有效性，并非必须全部满足，但至少是重要的参考原则：①通过这些目标的实现，组织可以获得重大收益吗？②与整体战略相关联吗？③是基于客户期望吗？④是扩展性的挑战性目标吗？⑤是考虑整体平衡性的发展目标吗？⑥是通过新的业务模式实现的吗？⑦知道如何实现这些目标的方法了吗？⑧符合 SMART 原则吗？

关于 3~5 年突破性目标，HG 公司的王总和咨询公司的肖老师进行了这样的

$\ominus$　退货率 PPM 指每百万件商品的退货数量。

对话：

王总："虽然平衡记分卡强调了几个指标的平衡性，但是作为企业来说，必须要优先关注企业的未来成长，也就是说必须关注市场和客户，所以是不是在制定3~5年计划的时候应该优先考虑在这方面的突破性目标呢？"

肖老师："您说得有道理，企业必须要关注客户的需求是什么，如何来满足客户需求，这的确是企业非常重要的任务，因为只有获得客户满意，才能够不断占领和扩大市场，企业才能够长久生存下去。不过，不同阶段企业关注的重点是不同的，比如丰田公司，在张富士夫担任总裁的时候，把'将丰田模式推广到全球'作为3~5年的突破性目标；而丰田北美总部（TEMA）在2010年则把质量作为其在未来5年内主要的突破性目标，这些目标包含了'零召回率''大幅度降低索赔率'等具体目标。"

王总："嗯，肖老师说得有道理。我总结一下：企业必须关注未来的发展和成长，又要保证卓越的运营水平，从而保证对客户和市场的支撑。不同阶段，关注的重点不同，3~5年的突破性目标也不同。"

肖老师："总结得很到位，运营对企业来说同样至关重要，必须要保证其良好的运作，几个精益核心指标都是组织应该重点关注的绩效指标，也是战略管理的核心内容，当然根据企业的实际情况，会有所侧重，比如刚刚提到的北美丰田总部对质量的关注。"

下面是HG公司根据其整体战略，确定出几个3~5年的突破性目标：

- 两倍于国内GDP增速的市场增长率；
- 0安全事故；
- 六西格玛的质量水平；
- 准时交货率≥98%；
- 库存周转次数>12次。

HG公司3~5年的目标重点关注的是企业未来的成长和内部运营管理。

年度目标的制定

年度目标的制定是精益战略策划和部署七步法的第三步。

3~5年的目标是企业在未来一段时间内要实现的战略目标，不可能一蹴而就，需要通过每年对战略目标的不断展开，持续进步，最终实现企业的战略目标，同时通过与标杆企业目标的对比，不断缩小差距，直至超越标杆企业。战略目标实施的过程是阶梯状展开的，包含小的改善，但最重要的是通过战略部署实现的具有突破性的改善，如图3-4所示。

在精益战略策划和部署中，年度目标制定又被称为"接球"的过程。"接球"这一词语来源于无挡板篮球和网球运动，是指运动员在比赛活动中相互配合、来回

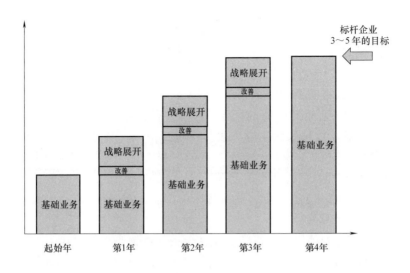

图 3-4　战略目标达成阶梯图

传接球，最终获得比分的过程。首先队员的目标是一致的，就是赢得比赛，然后为达到这样的目标，需要大家在传递球的过程中，了解彼此的意图，达到默契的配合。用接球来形象地比喻通过制定年度目标来使各方在时间和层级上承接 3~5 年的突破性目标，实现共同愿景。

在这个过程中，需要团队通过头脑风暴法进行数据分析，收集各种意见，反复讨论，最后形成具体的年度目标。这个过程需要充分发挥团队智慧和沟通，而非高层一厢情愿，通过一言堂和权威命令方式做决定的过程。所以，制定年度目标具有这样的特点：

1）不只是一个自上而下的任务分解过程，而是一个自然的双向沟通过程（这就是与目标管理不同的方面）。

2）是一个以数据为基础的定量的年度目标，而不仅仅是一个感性描述的观点而已。

3）"接球"的过程是一个如何进行战略部署和实施的过程，而非讨价还价的过程。

下面我们来看看年度目标制定具体的实施过程。

1. 年度目标的实施步骤

年度目标是战略部署的实际操作和落地过程，它必须是具体的行动计划，其实施流程如下：

（1）对企业的整体状况进行再回顾

每年企业都需要对以下几个方面工作进行分析和总结：制胜战略的适宜性和当前绩效、客户期望的满足程度、当前市场的重大变化、先进技术变化趋势、精益企业的建立和实施状况等，按照 80/20 原则，找出年度主要的关注点，确定优先在哪些流程和项目上进行改善，如图 3-5 所示，最后使用战略管理矩阵图，制定出具体的年度目标。

（2）通过多功能小组来对目标进行展开

有几个 3~5 年的突破性目标就形成几个多功能小组，然后小组进行头脑风暴（Brainstorm），利用鱼刺图、思维导图等找到相关联的因素，确定年度主要实施目标。

（3）对找出的目标进行选择

通过鱼刺图，每个突破性目标会得到许多不同方面的目标，把不是在一年内要做的工作划掉，最后选择出 2~3 个确实要

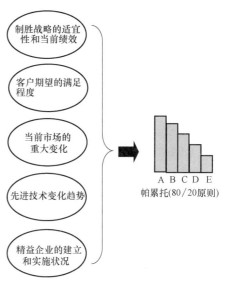

图 3-5　年度战略目标选择过程图

在未来一年要实现的目标来，再进行最后的确认，确保选出的项目一定是对突破性目标的完成有重要影响的，而不仅仅是日常业务基础管理的改善。突破性目标可能有 A、B、C、D、E 等 5 个关键项目，但是可能会选择出其中 A、B、C 作为年度关键目标，然后再找出其中可以在年度内完成的分解目标。对于其余的（比如 D、E）目标，并不是不需要管理，而是可能把它放在下一年度进行管理，对突破性的目标展开和年度目标选择的过程如图 3-6 所示。

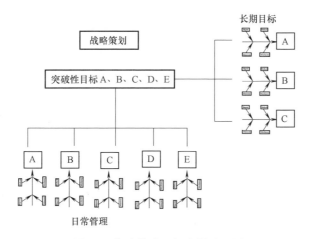

图 3-6　年度战略目标选择过程图

下面的检查清单可以帮助我们判断年度目标的有效性：

1）是使组织真正成长的扩展性项目吗？

2）与业务的长期战略目标强烈相关吗？

3）是接下来一年内要重点关注项目吗？

4）符合 SMART 原则吗？

5）有具体的负责人吗？

6）需要什么样的资源及可行性如何？

2. 基于 5W2H 法的战略管理矩阵图

5W2H 是常用的思考方法。

战略管理矩阵是把方针战略、3～5 年的突破性目标、年度目标等内容放在一起，并能够显示它们之间相互逻辑关系的图形，它们之间正好回答了 5W2H 包含的问题，所以，我们把图 3-7 称为基于 5W2H 法的战略管理矩阵图。

战略管理矩阵图的上方是组织的战略和方针，说明要做什么（What）；左侧是 3～5 年的战略目标，表明要优先选择在哪里、哪方面（Where）和哪一个（Which）作为未来中长期的重点；右侧是具体的年度目标，展示的是短期具体可实现目标，即何时做（When）、如何做（How），需要做到什么程度（How much）。

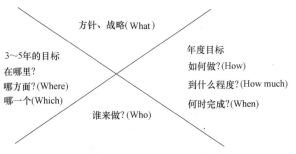

图 3-7 基于 5W2H 法形成的战略管理矩阵

战略管理矩阵图的下方是具体的负责人，说明每个项目由谁（Who）来负责，即每一个年度计划需要指定一个主要人员来负责计划的实施和完成，同时它又需要其他多功能小组成员给予支持和协助，通常用"●"表示主要相关，用"○"表示支持性相关。通过 5W2H 法战略管理矩阵图，可以清晰地看到方针战略、3～5 年的突破性目标以及年度目标之间的逻辑关系和相关性。

HG 公司过去也制定了年度目标，但是缺乏系统和科学的方法，比如在 2017年，他们把推行 5S、TPM 等作为年度目标，这样的目标充其量只是年度工作任务，缺少与整体战略的相关性，重要性和具体的可操作性，在学习了上面年度目标的制定之后，王总经理组织团队，重新制定年度计划，图 3-8 是 HG 公司年度目标的战略管理矩阵图范例。

将战略管理矩阵图张贴出来，这样可以把企业对未来的思考、策划和行动计划目视化出来，使每个层级的员工都可以了解公司工作的重点，这就达到了目视化的高级层次：即不仅可以知道是什么（What），如何做（How），而且知道为什么这样做（Why）。

开展标准化作业，构建可视化现场，价值流标准化率达到 30% 2016.12

开发 Metro 渠道目标客户的新产品，增加 20% 的销售额 2016.12

与供应链供应商开展协作，推进价值流流动，增加零部件库存，降低库存周转到 40 天以下 2016.12

重新审定产品策略，改进样件管理系统，Lead Time 缩短，新产品交付周期缩短到 30% 2016.12

建立新产品 APQP 体系，开发基于 Lotus notes 的项目管理系统，新产品交付周期缩短到 30% 2016.5

推行"零距离"面谈计划，建立透明的考核制度体系，关键岗位骨干员工流失率 <1/万 2016.12

建立有效的发案数和项目进度化管理，对于尚未完成的整改项目标 (≥96%)，进行月度闭环管理 (A3报告) 2016.6

建立完善的反应链体系，对质量事故等大众关系客户现象，并进行 100% 改进新标准 2016.12

| | 方针、愿景 (What) | 年度目标 如何做 (How) 到什么程度 (How much) 何时 (When) | 3~5年的突破性目标 在哪里和哪个方面 (Where) 哪一个 (Which) | 哪些人负责 (Who) |

富有责任感的员工
卓越的客户体验
持续的盈利性增长
财务绩效

2倍于国内GDP的销售增长
库存周转次数 ≥12次/年
六西格玛的质量水平
准时交货率 >98%
客户事故为零

EHS经理 H L
质量部经理 L L
价值流一部 Z H
价值流二部 Y D
工程技术部 K V
供应链部门 S H

● 主要相关
○ 支持性相关

图 3-8 战略管理矩阵图

年度目标的展开

年度目标的展开是精益战略策划和部署七步法的第四步。

在精益战略策划和部署的前三个过程中，主要集中在较高层级的范围，从第四步开始，就要向各区域或部门（层级）进行深入的纵向展开，在图 3-2 中已经展示了战略管理的层级关系。

1. 制定详细的年度目标展开清单

将战略矩阵中的年度目标汇总成一份任务清单（这是一级任务），传递给负责部门，各部门就要展开制定详细的行动计划（这是二级任务）。虽然每个项目有主要相关的责任部门，但和年度目标制定一样，需要多功能的小组来共同参与，利用头脑风暴法、因果图、树图（又称系统图）等方式共同制定行动计划。当然，基于 A3 的思考方式，在进行团队活动之前，需要对讨论主题、当前背景、未来目标以及过程数据进行提前收集，这样便于大家准确把握主题。

例如，当质量部门在制定零缺陷计划的时候，就要对上年度的质量情况进行多维度的汇总分析，如对于客户退货情况的分析，可以按照价值流部门、缺陷分类、损失金额及影响的严重程度等，绘制帕累托图，然后找出其中的根本原因和影响因素，制定关键行动计划，图 3-9 展示了年度目标分解的逻辑关系。

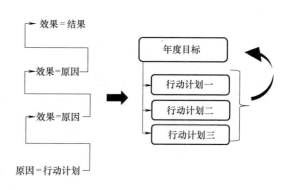

图 3-9　年度目标分解的逻辑关系

之后就可以得到详细的具有可操作性的年度目标展开清单，见表 3-3。作为部门的任务追踪表，定期进行回顾和跟踪。需要强调的是，这些任务并不是一个部门的所有的工作目标，但一定是重点工作，在之后关于部门绩效设置方法的内容中我们会进一步进行探讨。

表 3-3　年度目标清单

项目	任务	负责人	1月	2月	3月	4月	5月	6月	7月	8月	9月	10月	11月	12月
1	建立安全风险评估体系,识别重大安全因素,并进行 100% 改进和控制　2016.12			○										△
1.1														

（续）

项目	任务	负责人	1月	2月	3月	4月	5月	6月	7月	8月	9月	10月	11月	12月
1.2														
1.3														
⋮														
8	开展快速换型、标准化作业,价值流整体效率提高 30% 2016.12				○									△
8.1														
8.2														
8.3														

○ 计划开始时间　　△ 计划完成时间　　准时 绿色

● 实际开始时间　　▲ 实际完成时间　　不准时 红色

为了让大家进一步理解战略目标部署的几个展开步骤，我们来看看 HG 公司对于市场增长方面的战略部署方案：

- 3~5 年的突破性目标：两倍于国内 GDP 增速的销售增长率。
- 年度目标：开发 Metro 项目所需的新产品，增加 20% 的销售额。
- 年度目标的展开之一：提高新产品研发速度，研发周期从之前的 1 年缩短到 6 个月。

-目标的进一步展开：

-供应链部门：供应商新材料报价的速度从 1 个月缩短到 1 周，原料样件提供周期从 54 天缩短到 30 天以内。

-技术部门：提高实验室的测试能力，建立全系列产品实验能力的实验室。

-连接件价值流部门：建立快速加工单元，将新产品生产前置期（Lead Time）从 30 天降到 10 天。

- 年度目标展开之二：……
- 目标的进一步展开：……

对于年度目标展开之一的措施中，涉及供应链、技术部和连接件价值流等三个主要部门，对于一个企业来讲，由于不同时期的战略重点不同，与之相关的需要重点关注的价值流部门和支持部门也不同。

2. 年度目标展开的常见问题

在对年度目标进行展开的过程中，经常会出现以下问题：

1）不是把年度目标分配给高层级主要负责人，而是分配给较低层级的人员。

2）对一级计划没有进行系统性部署和扩展。

3）支撑性的分解计划和行动与一级计划缺少因果关系。

4）没有依据 SMART 原则对二级任务进行分解，停留在感性描述上。

年度目标的实施

年度目标的实施是精益战略策划和部署七步法的第五步，它是建立年度目标任务清单的过程。

为了实现年度目标，需要对其进行进一步的展开，并分解到各部门，这样就形成了许多需要的改善（Kaizen）项目，这些项目的实施一定离不开相关精益工具，比如上面提到的 HG 公司市场增长方面战略部署方案的实施，就会涉及利用非生产部门价值流图来分析供应商报价流程，利用扩展价值流来帮助供应商提高样件交付能力，利用单元化布局以及快速换型来提高价值流部门的生产效率，缩短交货周期等。基于这样的逻辑关系，我们就可以更加深刻地理解"精益工具是为业务服务"的这一重要理念了。

我们继续以上面 HG 公司市场增长方面的战略部署方案为例，其中的年度目标展开之一的分解目标有 3 项，第一项是供应链部门要主导进行的项目：供应商新材料报价的速度从 1 个月缩短到 1 周，原料样件提供周期从 54 天缩短到 30 天以内，如果要想实现这个分解目标，则需要实施许多具体的改善（Kaizen）项目，这些改善项目可以通过 KPP（Key Performance Project）进行管理。所谓的 KPP 就是指关键绩效项目，这些项目是实现年度目标的过程保证，因为没有行动就没有结果，表3-4 展示 HG 公司行动计划中供应链部门的 KPP。

年度目标是否可以作为 KPI 进行管理呢？答案是：由企业 3~5 年战略目标扩展而来的年度目标，是可以把它作为公司以及部门的 KPI 进行管理的；而关键绩效项目 KPP 是对年度目标扩展出的实施方案和项目进行管理，由此最终保证年度目标乃至组织整体战略的实现。

年度目标的实施属于精益战略策划和部署 PDCA 循环中 "DO" 的部分，所谓"言之易，行之难"，这是非常关键和具有挑战性的过程，在这个过程中，需要重点关注以下几点：

1）不能在原有的业务水平上徘徊，需要能够持续提高和改进，选择出关键项目予以实施才能不断突破和超越。

2）在具体实施和操作层面，需要使用各种精益工具进行改进，比如对价值流分析、实施流动和拉动以及问题解决方法等，所以，需要相关人员熟练掌握和应用精益工具。

3）从上到下各个层级的参与，从整个组织到部门，再到班组和单元，以至于个人，形成从上至下的绩效传递和联动以及从下到上的支撑系统。

4）对行动计划必须全周期和动态跟踪，确保其时效性，避免虎头蛇尾，甚至成为束之高阁的文件。

表 3-4 年度目标清单

年度目标 (Objective)	关键项目 (Key Project)	负责人	完成日期	2018年1月 W1	W2	W3	W4	W5	2018年2月 W1	W2	W3	W4	2018年3月 W1	W2	W3	W4	…	2018年12月 W1	W2	W3	W4	W5
供应商新材料报价的速度从1个月缩短到1周,原材料供件提供周期从54天缩短到30天以内	和关键供应商进行扩展价值流活动,优化信息流和物料流	××	2018.10.20											○							△	
	建立联合工作单元,对供应商报价进行每日追踪,并及时在内部反馈展信息	××	2018.6.30								○											
	供应商APQP程序优化,目视化建立	××	2018.8.30					○														

○ 计划开始时间　● 实际开始时间
△ 计划完成时间　▲ 实际完成时间
绿色 准时　　　红色 不准时

月度绩效跟踪

月度绩效跟踪是精益战略策划和部署七步法的第六步，这个过程在精益战略策划和部署的 PDCA 循环中属于检查环节，对精益战略成功实施起到跟踪和纠偏的作用。

组织一个例行的月度绩效回顾会议来检查项目实施和行动的结果表现，通常需要通过会议的形式来进行，内容包括：

1. 对突破性目标和关键绩效指标（KPI）的回顾

首先，在进行月度绩效跟踪时，要对突破性目标的月度表现进行回顾，见表 3-5。

其次，对于推行精益的企业，反映生产运营方面的关键绩效指标包括：安全、质量、准时交货率、生产率、库存、销售和盈利状况以及其他部门（如人力资源、供应链等支持性部门）的绩效指标。这些指标构成了企业的整体绩效评估指标，通过对这些指标的月度回顾，可以了解整个企业的基本运转情况。关于如何建立组织关键绩效指标的内容，我们会在之后的章节进一步进行详细的介绍。

表 3-5 突破性目标月度跟踪

年度计划	SMART 目标	上年度	本年度		1月	2月	3月	4月	5月	6月	7月	8月	9月	10月	11月	12月
推行"零缺陷"质量计划，建立质量成本控制体系，实现年度客户退货率 PPM<100 2016.12	客户退货率 PPM<100	158		计划	155	155	155	133	130	130	130	130	130	100	100	100
				实际												
	质量成本比例小于 2%		3.50%	计划	3.5%	3.5%	3.5%	3.		3.0%	3.0%	3.0%	3.0%	3.0%	3.0%	2.0%	2.0%
				实际												

> 计划目标从3月份155降低到4月份133，需要与措施的完成情况有逻辑关系，而非按比例设定。

注：使用该表格时，可以用绿色表示达标，用红色表示未达标。

无论是反映业务水平的关键绩效指标还是突破性指标，其完成情况并不是非好即坏，而应该考虑变异（噪声因子）的影响。在质量管理中，使用控制图来观察指标是否统计受控，该方法同样适用于对指标的变化趋势进行统计分析。因此，假如某个月的指标没有达标，如果很清楚其变异是由于某一特殊因素造成的，就不要再穷追不舍，进行细枝末节的分析和解释；同样，如果某个月的指标完成了，也可能仅仅是某一特殊原因造成的，并不是系统改进的结果，也无须高兴太早。正常的改善状况应该是像图3-10所示的那样，才是真正由于系统改善而带来的效果。

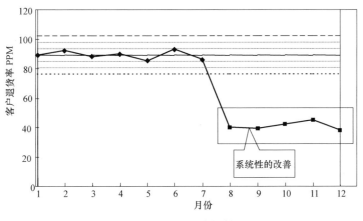

图 3-10　指标改善控制图

2. 对关键绩效项目（KPP）完成情况进行跟踪

KPI更多的是具体可量化的数字，而KPP是对项目实施的跟踪；KPI是结果和目的，KPP是过程和方法，所以月度绩效跟踪的目的是既要关注结果又要关注过程，这就是目标管理和精益战略管理和策划的不同。

3. 月度绩效回顾的关键点

1）月度绩效回顾的会议必须是例行和固定的，会议的方式可以是多种多样的，如果目视化工作已经达到很好的水平，可以在绩效指标跟踪中心进行现场进行站立式会议。

2）资源需求、管理层支持，实施过程风险、困难以及适度调整。

3）对连续不达标情况的回顾以及要问题解决（A3报告）的触发。

将绩效指标进行目视化，对指标进行目视化管理所要达到的效果是让人可以一眼就能够了解目前系统运行以及管理的状态，它让复杂的管理变得简单、明了。通过目视化，既可以起到信息沟通的作用，又可以带来提醒、督促的效果。

4. 月度绩效回顾会议议程范例

1）回顾年度战略目标矩阵图、年度目标任务清单和月度达标情况，对不达标情况进行分析并制定改进措施。

2）其他关键绩效指标（KPI）和关键绩效项目（KPP）的回顾。

3）对于不达标情况要输出应对措施和A3报告的需求。

4）其他重要事项沟通。

年度绩效回顾

年度绩效回顾是精益战略策划和部署七步法的第七步，它和月度绩效一样，年度绩效回顾在精益战略策划和部署的 PDCA 循环中属于检查环节，但与之不同的是，年度绩效回顾起到承上启下的作用，既是对过去一年企业整体运营情况的完整总结，又是制定新年度目标的开始。

年度绩效回顾的 6 个步骤：

1）再次回顾和确认 3~5 年的突破性目标。

2）回顾过去一年在战略部署和实施方面的成功经验及失败教训。

3）分析各种因素，制定新的年度一级任务清单，在这个步骤中，对于已经完成的突破性目标，可以作为新的基础业务的绩效指标进行管理。

4）确定主要负责人和所需资源。

5）建立年度目标任务的量化指标。

6）对年度目标进行展开和分解，确定二级任务。

对精益战略策划和部署七步法的总结

下面我们对精益战略策划和部署七步法进行一个简单的回顾和总结：

1）精益战略策划和部署是一个管理的过程，其目的是管理并实现组织的战略，而非仅仅设定目标。

2）体现 PDCA 循环的管理过程。

3）严格按照七步法的方式进行。

4）你策划了精益战略，并不等于你实施了战略，没有执行，一切都是"零"。

5）大多数公司在执行七步法中的第五步和第六步时出现失败。

成功实施精益战略策划和部署的关键要素

精益战略策划和部署的七步法，明显的特点是各个步骤之间按照 PDCA 循环形成了环环相扣的关系，形成了一个完整的组织战略策划和实施的管理系统。那么，如何成功实施精益战略策划和部署，还需要关注以下几个关键要素：

1）精益战略策划和部署的成功实施需要强大的领导力，确保这个过程稳定和周期地进行。

2）这个过程是一个可见，以数据为支撑，以事实为依据的过程，而非一种空洞的设想。

3）精益战略策划和部署的实施需要管理者经过较长时间的实践。

4）必须依照严格的程序和方法，比如头脑风暴法，SWOT 法等。

5）精益战略策划和部署是决定企业有所为和有所不为的过程。

6）必须把突破性目标从日常管理改善中区分出来。

7）高级管理者有强烈的把组织带向一个高层次和高水平的意愿。

8）科学有效的激励。

本 章 小 结

精益战略策划和部署严格遵守 PDCA 的管理过程，由此始终处于"受控"状态，它是循序渐进和不断提升的过程，使企业首先在战略上做到方向清晰和目标明确，然后再纵向展开、持续跟踪、随时纠偏，从而达到对战略的系统管理。

精益战略策划和部署的七个步骤是：①战略制定和规划；②确定 3~5 年的突破性目标；③年度目标的制定；④年度目标的展开；⑤年度目标的实施；⑥月度绩效跟踪；⑦年度绩效回顾。大部分企业会在第⑤和第⑥步失败。

扩 展 思 考

阅读完本章的内容，请仔细思考以下问题，并建议你在空白页写下你的答案：

1. 你是否使用 SWOT 分析法来识别外部的机会、威胁和内部的优势、劣势？

2. 你需要培养哪些核心竞争力？

3. 谁是你的标杆企业？

4. 实现核心竞争力的战略要素有哪些？这些战略要素是否基于平衡记分卡？

5. 你还有哪些体会？

6. 你将如何行动？

高瞻远瞩的部门经理——建立组织绩效管理系统

这几天 HG 公司的各个部门显得非常忙碌，不过这样的忙碌和以前有所不同，大家并非在忙着"救火"，而是在讨论部门的发展战略。过去一提到战略，所有人都会认为这是属于总经理才关心的公司层面的问题，和自己部门可没有关系。

现在不同了，每个部门的经理似乎都开始变得高瞻远瞩了，开始从大的方面来思考自己部门的管理方向，正如吕新所说的："似乎我们的胸怀宽广了，视角和高度也变得不一样了。"

因为不久前，总经理王希望与各部门经理（以前只是集中在公司的几个高层领导）就公司的发展战略，特别是最近 3~5 年的战略目标进行了详细的沟通。与以往不同的是，战略沟通并不是让大家听听就算了，而是要求各个部门也要组织部门人员，集中讨论自己部门的愿景、主要目标和关键行动计划。

在这样的要求之下，各个部门就行动起来了，大家似乎感觉到了前所未有的激情、参与感和责任感，每个部门都讨论得热火朝天，不亦乐乎。

现在就来看看大家的成果：

1. 价值流部门

愿景：成为一个为公司创造价值，为员工提供成长机会的部门。

主要目标：

- 无损失工时事故；
- 客户准时交货率>96%；
- 客户退货率 PPM<100。

我们的行动：

- 安全风险识别和管理。
- 通过销售和运营会议（S&OP）管理客户需求的波动，并形成应对措施；
- 推行 0 缺陷行动；
- 建立改善团队，持续改善 SQPCDI（S-Safety，Q-Quality，P-Productivity，

C-Cost，D-on Time Delivery，I-Inventory）指标。

2. 质量部门

愿景：通过高质量的产品使客户满意

主要目标：

- 完成 0 缺陷推行计划；
- 不良质量成本率降低 20%；
- 客户退货率 PPM<50。

我们的行动：

- 主导推行 0 缺陷活动；
- 关键工序的过程能力指数 Cpk>1.67；
- 优化质量管理体系，并通过周期的过程审核和质量改善会议与部门进行沟通。

3. 供应链部门

愿景：打造优秀的供应链团队，培养提供价值的供应商。

主要目标：

- 客户准时交货率>96%；
- 建立有效的销售和运营会议（S&OP）；
- 供应商准时交货率>97%；
- PPI（采购价格指数）<100%。

我们的行动：

- 建立稳健的供应链管理系统；
- 主导销售和运营会议（S&OP）管理客户需求的波动，并形成应对措施；
- 持续的供应商辅导和定期绩效评估会议；
- 定期的 PPI 指标回顾；
- 供应商发货频次改进。

4. 人力资源部

愿景：培养员工的责任心，激发员工的创造力

主要目标：

- 参与改善团队的人员比例>85%；
- 员工满意度>70%。

我们的行动：

- 创建持续的改善活动氛围；
- 建立评估、激励机制；
- 建立良好的员工沟通渠道；
- 定期的员工满意度调查。

形成一个绩效联动系统

基于 PDCA 循环的精益战略部署和管理七步法，是以未来的 3~5 年、年度和月度的时间轴线对战略进行管理的，这是一个逐级分解的金字塔管理模式，各层级之间形成了一个强有力的以时间为坐标的联动过程，如图 4-1 所示。

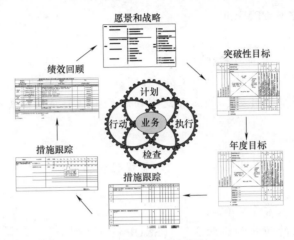

图 4-1　绩效联动系统

除此以外，还需要在空间上形成一个以公司、价值流、各部门和基层生产单元几个层级的绩效联动系统，从而在组织上保证精益战略策划和部署的有效实施。

如果用坐标轴来表示的话，纵轴代表精益战略策划和部署的空间维度，而横轴则代表在层级上的时间维度，就形成了一个完整的战略管理坐标系，如图 4-2 所示。

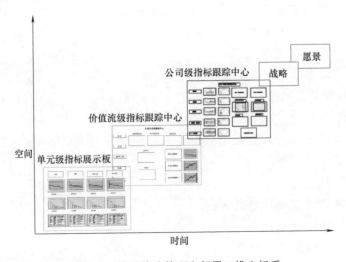

图 4-2　精益战略管理和部署二维坐标系

对于战略规划和管理的空间过程，需要说明几点：

1）不是主要关注改善项目的数量，而是把改善项目作为完成各层级战略目标的方法和过程。

2）精益工具的使用是自然而然的过程，应用精益工具必须考虑其对业务的帮助和效果。

3）形成一个战略管理的目视化管理系统，从公司级、价值流部门级，再到单元级，让各层级的绩效结果清晰、明了并且在组织内沟通顺畅。

在上一章中我们谈到关键绩效指标和突破性目标这两个概念，为了使大家能够更好地理解和应用精益战略策划和部署的方法，在这一章中我们会具体讨论如何建立精益的绩效指标体系，因为精益战略策划和部署的最终目的，就是为了提升企业的整体组织绩效，实现组织目标。

对于突破性目标而言，它在时间上是组织绩效指标的未来规划，在空间上是绩效指标的大幅度扩展，关键绩效指标是突破性目标成功与否的最终体现。我们之前已经谈到过，由于突破性目标需要较长时间完成，所以每年会选择不同维度作为重点关注的方面。比如今年的重点是库存降低 30%，那么这个指标在关键绩效指标上体现的就是库存天数的降低（或者是库存周转次数的提高），在财务指标上体现的则是现金流的增加等。

企业的绩效指标系统

那么，企业如何构建一个科学的企业绩效指标体系呢？

作为一个企业，通常会涵盖三个基本的职能：财务、营销以及运营，财务绩效是企业生存的理由，营销是财务绩效的前提条件，运营管理则是实现前面两个职能的基础。组织的绩效系统，实际是对这三个职能是否正常运作的表现系统。精益战略和绩效管理通过精益的方法和思想，使这个绩效系统既是一个评价系统，也是一个能够帮助企业实现愿景和战略的驱动系统，图4-3展示了一个组织绩效指标系统的基本轮廓。

即使企业没有推行精益，通常也会有组织和个人的绩效评价系统，而对于应用精益战略和绩效管理方法的企业来讲，则需要把精益的方法应用到组织绩效管理的各个层面，既关注结果，更要关注为实现结果的保证过程。

本章节和下一章我们会重点关注：

1）运营管理的核心精益指标。

2）与运营有关的非生产部门的绩效评价。

3）精益财务管理。

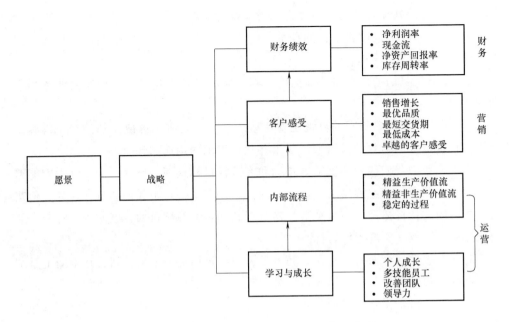

图 4-3　组织的绩效系统

运营管理的核心精益绩效指标

运营管理（Operations Management）是指产品或者服务形成的过程，对于制造型企业来说，运营管理是指产品的生产和制造的过程，包括产品选择、生产计划和组织、产品工艺和质量控制等。运营管理与供应链管理密不可分，形成精益生产中的整个价值流的过程。

运营管理的成功与否决定着整个企业的经营成败，事实上，丰田公司的 TPS 系统就是以运营管理作为根基，并且用少数几个关键指标来衡量企业运营管理的水平。

对于推行精益生产的企业来说，反映运营水平的几个核心精益绩效指标有：安全（Safety）、质量（Quality）、效率（Productivity）、成本（Cost）、准时交货率（On Time Delivery）以及库存水平（Inventory），为了方便记忆，简称为 SQPCDI。

（1）安全（Safety）

精益的关注点是如何减少浪费，毋庸置疑，安全事故是最大的浪费，而且超出浪费之本身，涉及员工切身利益以及对工作环境的满意程度，所以把安全列为企业绩效的首要指标。不仅如此，重要的不是完成指标，而是要创建关注安全、重视安全的文化，同时在人机功效（Ergonomics）方面也要有更多的评估和持续改善。

通常通过事故率来反映企业在安全上的管理水平。

不同的企业有不同的统计方法，这里我们推荐几种统计方法。

1）损失工时事故率。当事故发生后，受伤员工无法继续工作，需要离开工作岗位进行治疗或休息并且在当天无法返回，此类事故属于损失工时的事故。不同的企业有不同的规定，比如某物料配送员工（水蜘蛛）在工作现场扭伤了腰，到医院进行了处理，虽然当天回到了生产现场，但无法继续本岗位工作，这种情况究竟是否属于有损失工时事故呢？对于这种情况，企业可以通过文件进行详细的定义，但也无须过分纠结细节，最终的目的是不要发生事故。

损失工时事故率=计录过去滚动12个月的有损失工时事故次数÷过去12个月平均员工人数×100%

2）可记录事故率。当事故发生后，在现场进行简单的急救和处理后，受伤员工可以正常继续工作的事故，属于可记录事故。比如员工割伤了手指，经过消毒处理，贴上创可贴后又可以正常工作了，这就是可记录事故。

可记录事故率=计录过去滚动12个月的有可记录事故次数÷过去12个月平均员工人数×100%

引入可记录事故率的计算，目的是定量评价轻微事故的变化趋势，及时采取措施，从而防止损失工时等严重事故的发生，安全管理中的"冰山理论"已经说明这一点了。图4-4显示了HG公司可记录事故和损失工时的绩效趋势跟踪情况。

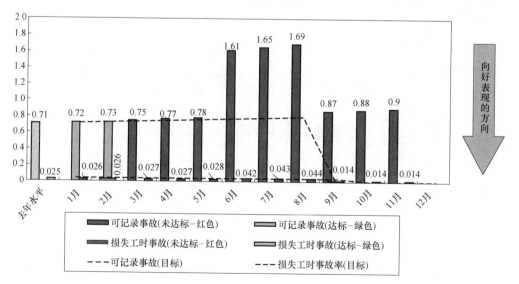

图 4-4　安全绩效趋势跟踪图

导入评价安全的指标很重要，但更重要的是建立和创造安全文化，特别是高层领导的重视是非常关键的。除了常规的安全管理方法外，下面的一些做法也是非常值得推荐的：

- 记录并通报安全生产××天的数据，并进行适当的奖励，比如每300天、500天及1000天等；
- 安全有奖问答活动；
- 未遂事故收集统计，建立改善专栏；
- 人机功效学的研究和改善，不仅是解决因员工疲劳而影响生产效率，更要关注因员工疲劳造成的安全事故。

（2）质量（Quality）

与质量有关的指标有：客户退货率 PPM、不良质量成本率（Cost of Poor Quality）、一次检验合格（通过）率等。因为客户退货率与客户满意程度直接相关，所以大多数企业把该项指标作为首选的绩效指标。图4-5 显示了 HG 公司客户退货的质量绩效趋势跟踪情况。

1）客户退货率

客户退货率 PPM =客户退货产品的数量÷当月发货数量×1000000

例如，2017年3月发货9600件，客户退货10件，那么，客户退货率 PPM = 10件÷9600件×1000000 = 1041。

客户退货产品是指由于产品本身质量原因而导致客户退货的产品，比如产品功能性问题、尺寸问题、数量错误等。

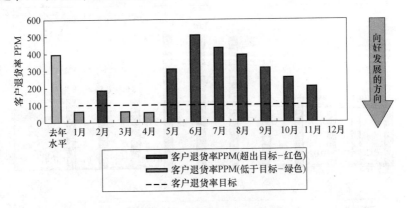

图 4-5　质量绩效趋势跟踪图

2）不良质量成本率

不良质量成本率 =不良质量成本÷销售额

不良成本是指由于质量原因而导致的产品报废成本以及相关的处理费用。不良成本包括：报废产品的原材料和费用等成本、返工工时成本、处理客户投诉所产生的费用、客户赔款、不良品运费等。

3）一次检验合格率

一次检验合格率=产品检验一次合格批次数÷总的批次数

在计算一次检验合格率的时候，之所以选取批次而不是数量，是为了尽可能消除批次间数量差异对数据造成的影响。因为一个关键零件对客户的影响可能比10个非关键零件的影响更大。

（3）效率（Productivity）

评价效率的指标可以是人均销售额、也可以是每小时的人均产出，但作为公司级的指标，作者认为人均销售额应该更加合理。

人均销售额=年销售额÷过去12个月平均员工人数

因为不到年底，无法得到当年的年度总销售额，所以每个月在计算该指标时，公式可以调整为：人均销售额=（目前为止的总销售额÷月份数×12）÷（过去几个月平均员工人数），通过这个公式可以近似得到人均销售额的数据。图4-6显示了HG公司效率（人均销售额）绩效趋势跟踪情况。

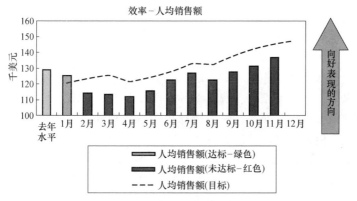

图4-6　效率绩效趋势跟踪图

要想提高人均销售额，需要通过精益的方式，不断发掘内部潜力，减少人力方面的浪费，并且持续、适度地提高生产线的自动化程度。

（4）成本（Cost）

成本指标可以使用工资销售比，其计算公式为：工资销售比=员工的工资÷销售额

员工的工资一般是指直接与生产有关人员的工资，包括基本工资、加班工资、各种福利及奖金等，每个企业可以根据企业状况对员工工资所包含的具体项目予以明确，不过一定要保持指标计算的前后一致性。

工资销售比可以反映企业的实际管理水平，如果企业的自动化程度越高，工资销售比数值越小，而对于劳动密集型的企业，这个数字就会比较大。使用这个指标

的目的，绝不是靠降低工人的工资来完成指标，而是通过精益的管理方法，持续提高生产效率，图 4-7 显示了 HG 公司成本绩效趋势跟踪情况。

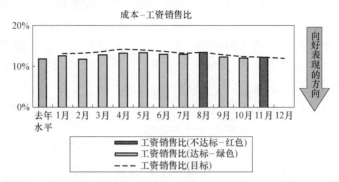

图 4-7　成本绩效趋势跟踪图

对于工资销售比这一成本指标，虽然可以作为基础的精益指标，也可以把它作为财务绩效指标。因为在财务报表中，成本不仅包括人工、还有很多其他如固定费用、变动费用、超额运费等其他成本。关于财务指标方面的内容，我们在后续的章节中会有进一步的介绍。

这里稍微扩展一点：最近特别流行稻盛和夫的阿米巴经营模式，在这一管理模式中，提到"销售最大化，费用最小化"的经营理念。其中的费用并不包括和员工有关的劳务费（人工成本）。其理由是，与其把人看作为成本，倒不如说是产生附加价值的泉源，因此不把劳务费当作费用来处理。基于此，也可以不把工资销售比作为基础的精益指标，而是在财务指标中予以体现和关注即可，所谓仁者见仁，智者见智，企业根据自己的情况进行选择和定义。

（5）库存

在精益管理中，库存属于 7 大浪费之首，被称作"万恶之源"，衡量库存水平可以使用库存周转天数或库存周转次数。

$$库存周转天数 = 360 ÷ 库存周转次数$$

$$库存周转次数 = 年销售成本 ÷ 存货平均金额$$

$$库存周转天数 = 360 ÷ (年销售成本 ÷ 存货平均金额)$$

$$年存货平均金额 = (存货年初金额 + 存货年末金额) ÷ 2$$

要想对库存进行很好的管理，就需要对库存的水平进行及时的跟踪管理，但是上面库存周转天数的计算涉及年度的库存数据且在财务会计上属于实际成本法。随着 ERP（Enterprise Resource Planning）系统的普及，对于大多数使用标准成本会计方法的公司，每月可以通过系统得到月度节点的库存数据，所以，库存周转天数的数据可以计算如下：

$$库存周转天数 = 90 ÷ (三个月的销售成本 ÷ 当月存货金额)，或者，$$

$$库存周转天数 = (当月存货金额 ÷ 三个月的销售成本) × 90$$

举例来说，HG 公司从 2017 年 1 月到 2017 年 3 月，销售成本分别为 87 万元、93 万元和 120 万元，3 月底的存货金额为 100 万元。则三个月的销售成本 =（87 万元+93 万元+120 万元）= 300 万元。那么，

库存周转天数 = 90÷（300÷100）= 30 天，或者，

库存周转天数 =（100÷300）×90 = 30 天，这两种计算方式得出的数据是一致的。图 4-8 显示了 HG 公司库存绩效趋势跟踪情况。

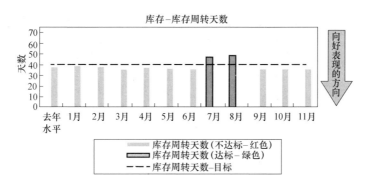

图 4-8　库存绩效趋势跟踪图

库存在财务会计中属于流动资产，库存周转天数是衡量库存高低的关键指标，数字越小，表示库存越低，存货的占用水平越低，流动性越强，存货转换为现金、应收账款等的速度越快。但是，传统的财务会计并不是认为库存是浪费之首，因为库存可以吸收固定成本和制造费用，产生利润，这与精益的理念是不相匹配的，这也就是为什么把库存周转天数作为精益基础指标的意义。对于库存，必须从观念上认为其是浪费之首，因为它会掩盖许多问题。关于库存的浪费在许多介绍精益的书籍中已经详细说明，在这里就不再赘述。

（6）准时交货

准时交货是衡量企业对客户服务水平的重要指标，精益生产的目的就是为客户提供最好质量、最低成本和短交货期的产品，其中的准时交货是基于对客户最短交货期的承诺之上的。准时交货的好坏用准时交货率来反映，其计算公式如下：

准时交货率 =（准时交货的订单行数÷总的发货行数）×100%

例如，2017 年 3 月发货总共 1831 行订单，其中有 85 行没有按照约定的交期发给客户，那么准时交货率 =（1831−85）÷1831×100% = 95.4%。

或许有人会问，在计算准时交货率时为什么使用订单行数而非订单数量，现在就通过下面的例子来解释其原因：某客户下了一个订单，总共 2 个型号，A 型号和 B 型号，订单行数为 2 行。其中，A 型号产品属于关键产品，订单数量为 10 个，B 型号是非关键产品，订单数量为 80 个。结果 A 型号没有按照客户需求准时发货，这样按照数量计算的化，准时交货率是 80÷100% = 80%，看起来结果还不算太差。

但是如果按照行数计算的话，两行中有一行没能满足要求，准时交货率就只有50%，两种计算方法的差异很大。另外，从客户的角度来说，A 产品数量虽少，但是影响却很大，所以用行数来计算准时交货率更加合理。图 4-9 显示了 HG 公司准时交货绩效趋势跟踪情况。

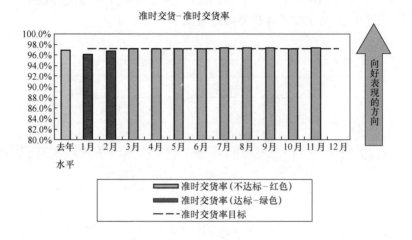

图 4-9　准时交货绩效趋势跟踪

需要补充说明的是，在上面几个关键的精益绩效指标中，除了安全指标、人均销售额、库存指标以外，质量指标和准时交货指标的当前月度指标和到目前为止（Year To Day，简称 YTD）的数据是不同的。所谓的 YTD 数据，就是对前几个月数据进行加权平均计算而得出的数据，如表 4-1 所示。

表 4-1　退货 PPM 的 YTD 数据计算范例

月份	一月	二月	三月	四月	五月	六月
月发货量（套）	11000	10000	14000	12000	15000	20000
退货数量（套）	2	0	5	4	5	2
退货率 PPM	182	0	357	333	333	100
到目前为止的退货率 PPM	182	95	200	234	258	220

比如质量指标的客户退货率 PPM，月度的数据和到目前为止（YTD）的数据，除了第一个月的数据是相同的以外，其他月份的数据有比较大差异。在进行绩效指标计算的时候，可以单独选择到目前为止的数据，也可以把月度数据和到目前为止数据同时计算并放在图上，只是月度数据的波动可能比较大，而按照加权平均计算的 YTD 数据相对比较平稳，因为月度数据反映当前月度的情况，而 YTD 数据反映总的趋势变化，企业可以根据需要进行决定数据的计算方法，当然同样需要确保数据计算和图表使用的一致性和标准化。

核心精益绩效指标的相互关系和意义

上面介绍的安全、质量、效率、成本、库存以及准时交货等6个精益核心绩效指标，可以科学有效地反映一个企业生产运营的整体绩效状况，因为这些指标是从不同维度反映企业运营管理的情况，它们之间相互影响，彼此制约，比如6个绩效指标中的质量和成本，库存和准时交货，经常被认为是互相矛盾，不能同时兼顾。追求高质量，成本就会高；追求准时交货，库存就会大。事实上，对于大部分的企业，

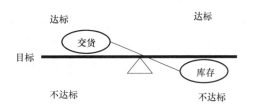

图4-10 交货和库存的不平衡状况

真实的状况也确实是熊掌和鱼不能兼得，尤其在交货方面，为了满足准时交货的客户要求，不得不准备大量的库存来应对，图4-10所反映的就是这样的不平衡状况。

但是，作为精益企业，首先要设定合理的目标，然后持续进行改善，通过精益手段使这些指标分别保持在合理和平衡的状态，如有偏颇立刻进行纠正，这正是精益绩效管理的意义所在，图4-11所显示的就是交货和库存处于一个彼此平衡的状态，其他指标的制约关系亦然。

这几个核心精益绩效指标既简单又科学，推行精益的企业都在应用它们来衡量企业运营管理的绩效，如果再加上财务以及销售等方面的绩效，就构成了公司整体经营绩效的衡量系统。作为制造型的企业来讲，生产运营是价值形成的价值链中重要组成部分，所以设置合理的评估标准，然后利用精益方法持续改善，如此才可以不断增加企业的竞争力。

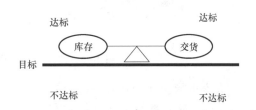

图4-11 交货和库存的平衡状况

在推行精益之前，HG公司曾经有30多项绩效衡量指标，每个月都要花费大量时间进行统计，但是起到的作用却不大，原因是没有明确究竟哪些是关键和重要的，结果眉毛胡子一把抓，没有收到应有的效果。推行精益之后，将原来30几个指标削减到6个精益核心指标（SQPCDI），重点突出，一目了然，现在大家很清楚了，只要关注好这几个指标，肯定不会错，因为如果这几个指标完成了，那就说明公司的整体经营状况一定不会差。

应用价值流模式的绩效管理

对于实施精益转型的企业，生产的流程必须是按照价值流的模式进行设计，对于一个工厂而言，可能是由几个或者更多的价值流部门组成，这些价值流部门分别对不同产品系列的整个价值形成过程负责。所以，在统计整个企业精益绩效指标趋势图的同时，还要应用帕累托图来展示每个价值流的状况，从而有的放矢地去解决问题。比如，我们可以用金额来展示每个价值流的库存状况，如图 4-12 所示。每个价值流再对成品、在制品以及原材料的状况进行统计，可以了解库存的构成，从而重点解决问题。同样，对于其他几个指标，每个企业可以根据自身的情况，定义帕累托图展示的具体要求和标准化方法，这里就不过多介绍了。

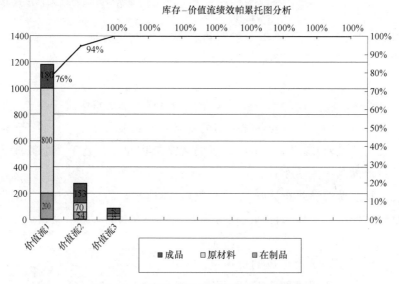

图 4-12　按照价值流的库存分析帕累托图

大家可能会问，到底关键绩效指标 KPI、核心精益绩效指标和突破性目标之间的关系是什么？KPI 是目标管理中组织乃至个人绩效指标的总称，它包含了公司经营管理中涉及的各项关键绩效指标；核心精益绩效指标则是包含在其中的几个少数重要指标，它们之间互相制约，简单明了，是精益转型企业通常使用的几个关键指标；突破性目

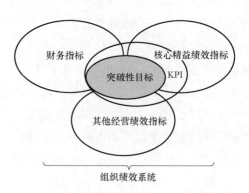

图 4-13　组织绩效系统和突破性目标的关系图

标则是基于组织未来 3~5 年的发展目标而决定的更少数 KPI，它们之间的关系如图 4-13 所示。

建立公司级的绩效指标跟踪中心

有了这几个关键的精益绩效指标，就可以形成以此为主线的链条，把各个层级的工作有机地贯穿和链接起来，从公司级、价值流级到生产单元级，工作层层传递，绩效衡量标准一致，这样就形成了一个自上而下和自下而上的绩效管理系统。

同时，为了让整个组织的绩效一目了然，需要做的工作就是绩效管理的目视化。目视化的效果是，当你走进公司，不需要打开电脑，也不需要去询问别人，在工作现场一眼就能够了解目前系统运行的绩效表现。

绩效管理目视化的方法是建立一个公司级的绩效指标中心，形成目视化的管理看板，达到管理透明化，同时起到沟通和解决问题的作用，如图 4-14 所示。

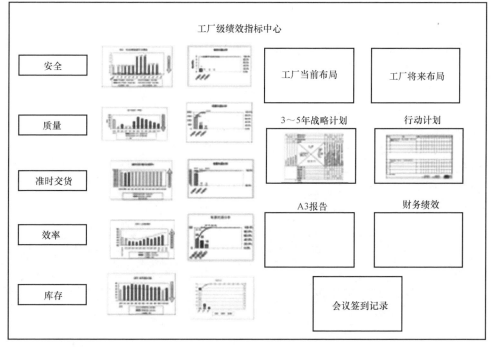

图 4-14　工厂级的绩效指标跟踪中心

公司级的绩效指标中心包含的内容如下：

1）突破性目标及基于突破性目标进行的年度目标分解的战略管理矩阵图。

2）指标趋势图及分解帕累托图。

3）公司级的目前布局和未来 3~5 年布局的规划。

4）问题解决（A3）报告。

5）财务指标计分卡。

6）定期会议及会议签到表。

公司级的绩效指标更新的频次通常为每月一次，同时由总经理组织绩效回顾会议，回顾绩效完成情况，这就是战略部署月度回顾的方法。

价值流的绩效指标和绩效指标跟踪中心

1. 价值流的绩效指标

价值流的指标和公司级的指标相互关联，主要的指标也同样是安全、质量、准时交货、效率和库存这几个主要指标，但具体的项目和计算方法并不完全相同，见表4-2。

表 4-2　价值流绩效指标说明

指标	通常选择项目	计算方法	重点说明
安全	(1)每天在安全十字架上涂红色或绿色,红色代表有可记录事故发生,绿色代表无可记录事故发生	安全十字架（1~31）	每天可以按照日期用绿色和红色涂当天的日期,绿色代表正常,红色代表有事故发生 更新频次:每天
	(2)安全生产天数	到今天为止,安全生产天数:××天	如果有事故发生,安全生产天数归零,重新计算 更新频次:每天
质量	(1)瓶颈工序的一次通过率	合格的批次数÷总检验批次数	选择瓶颈工序 更新频次:每周
	(2)靠近客户工序的一次通过率	合格批次数÷总检验批	选择节拍控制工序 更新频次:每周
	(3)不良成本率	不良成本÷销售额	不良成本包括报废、返工费、客户处不良品处理差旅费、退运费等
	(4)客户退货 PPM	(退货数量÷发货数量)×10^6	退货数量是指由于质量问题造成客户退货的数量 更新频次:每周
准时交货	对客户的准时交货率	未按照客户要求发货的订单行数÷到期应发货的订单总行数	选择节拍控制工序 更新频次:每周
效率	人均小时产量	生产件数÷总人工时	选择瓶颈工序 更新频次:每周
库存	价值流库存金额	原料+在制品+成品的库存总金额	整个价值流 更新频次:每周

2. 绩效指标跟踪中心

价值流跟踪中心就是展示价值流活动情况的工作展示板，价值流跟踪中心的内容包括：目前价值流图、将来价值流图、改善计划和措施、关键绩效指标以及解决问题的 A3 报告等。HG 公司的价值流跟踪中心如图 4-15 所示。

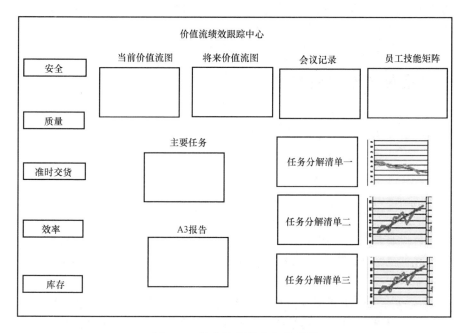

图 4-15　价值流跟踪中心示意图

对于价值流跟踪中心的管理，需制定明确的标准：

（1）展示价值流图

把当前价值流图和将来价值流图放在一起，起到显著对比的作用，可以清楚了解现在的状况和将来的计划还有多大的差距。对于将来价值流图，究竟要把将来定为多久，可以是一个季度、半年或者全年，时间跨度越大，你识别出的问题应该越多。

（2）对改善点制定改进计划和措施

识别出改善点（用爆炸点的方式将所有的浪费爆炸出来）之后，制定详细的改善计划，然后利用精益工具进行改善（Kaizen），形成详细的行动计划，并使用趋势图（与标识问题点的颜色相一致）来展示措施的有效性和改进的效果。趋势图的目标值不是一条直线，而是根据时间推移目标逐步变化的折线图。

（3）绩效指标的跟踪

每个价值流把安全、质量、准时交货率、库存天数、生产效率等指标放在价值流跟踪中心，通过绩效指标来反映在实现将来价值流状态过程所带来的改善结果，了解整个价值流的运作情况，如果发现问题，及时纠偏，触发 A3 报告（在情景 6 里会详细介绍如何使用 A3 报告来解决问题），从而保证整体战略目标的完成。

（4）确定周期回顾价值流中心状况的会议

价值流经理要组织团队成员（不只是价值流部门的人员）一周对价值流中心的内容进行回顾，包括绩效指标、是否触发 A3 报告以及上次问题解决措施追踪、爆炸点的改善进展情况等，时间一般要控制在 30 分钟以内。

将绩效指标传递到生产单元

1. 生产单元的绩效管理

将绩效指标传递到价值流部门里关键的生产单元，绩效指标与价值流的指标相对应。

在 HG 公司，单元绩效指标包含安全、质量、准时交货和效率四个方面：

● 安全——反映单元安全绩效状况，内容包括安全十字、事故登记表以及未遂事故登记表，安全十字用来记录和反映每天安全生产的状况，绿色代表没有事故发生，黄色代表有未遂事故发生，红色代表有损失工时事故发生，如果在十字架中出现红色和黄色，下面对应的表格中就需要记录该事件的具体情况以及采取的纠正措施等，如图 4-16 所示。

● 质量——反映单元不合格产品以及纠正措施的状况，内容包括每日、月度的不合格客户退货率 PPM、帕累托图分析和纠正措施，如图 4-17 所示。

● 准时交货——反映单元计划的完成状况，内容包括每日、月度的计划完成状况、帕累托图分析和纠正措施，如图 4-18 所示。

● 效率——反映单元计划的完成状况，内容包括每日、月度的每单位人工时的产出状况、帕累托图分析和纠正措施，如图 4-19 所示。

每个绩效指标都设定了对应的目标，如果达标，柱状图显示为绿色，反之为红色。

2. 单元绩效目视化板

和公司、价值流的绩效跟踪中心一样，把单元的绩效表现，形成目视化的管理看板，如图 4-20 所示，每个人都可以看到单元的绩效状况，这样就形成了从上而下分解和从上而下支撑的绩效管理系统，为公司战略目标的实现奠定了坚实的基础。

对于单元绩效目视化板，需要注意以下几点：

1）单元绩效目视化板的数据来源于现场每天的数据，要及时更新、收集。

2）生产率、准时交货方面的数据与现场每小时生产计划相关联（Day By The Hour）。

3）现场的问题必须立即解决，这就需要与按灯系统、快速解决问题相匹配；

数据展示（天）

1	2
3	4
5	6
7	8

9	10	11	12	13	14	15	16
17	18	19	20	21	22	23	24

25	26
27	28
29	30
31	

数据展示（事故登记）

事故时间	原因分析	行动措施	负责人	完成时间

数据展示（未遂事故）

登记时间	行动措施	负责人	完成时间

图 4-16　单元的安全绩效

数据展示(天/周)

每日产品不合格率　PPM目标　2752　　　　　单元/生产线:　月份：7月份

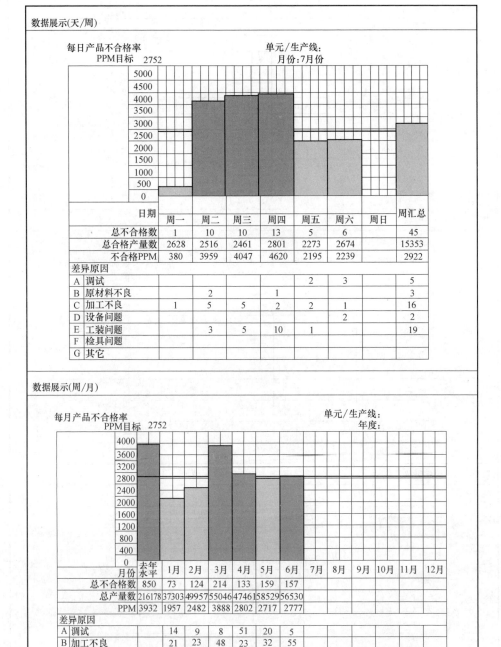

日期	周一	周二	周三	周四	周五	周六	周日	周汇总
总不合格数	1	10	10	13	5	6		45
总合格产量数	2628	2516	2461	2801	2273	2674		15353
不合格PPM	380	3959	4047	4620	2195	2239		2922

差异原因								
A 调试					2	3		5
B 原材料不良		2		1				3
C 加工不良	1	5	5	2	2	1		16
D 设备问题						2		2
E 工装问题		3	5	10	1			19
F 检具问题								
G 其它								

数据展示(周/月)

每月产品不合格率　PPM目标　2752　　　　　单元/生产线:　年度:

月份	去年水平	1月	2月	3月	4月	5月	6月	7月	8月	9月	10月	11月	12月
总不合格数	850	73	124	214	133	159	157						
总产量数	216178	37303	49957	55046	47461	58529	56530						
PPM	3932	1957	2482	3888	2802	2717	2777						

差异原因													
A 调试		14	9	8	51	20	5						
B 加工不良		21	23	48	23	32	55						
C 原材料缺陷		18	55	73	21	35	3						
D 设备问题				38	38	30	2						
E 工装问题	20					42	92						
F 检具问题			37	47									
G 其它													

图 4-17　单元的质量绩效

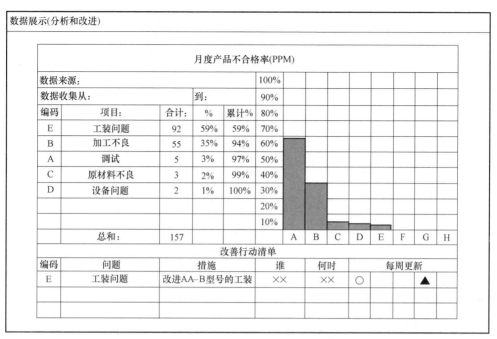

图 4-17 单元的质量绩效 （续）

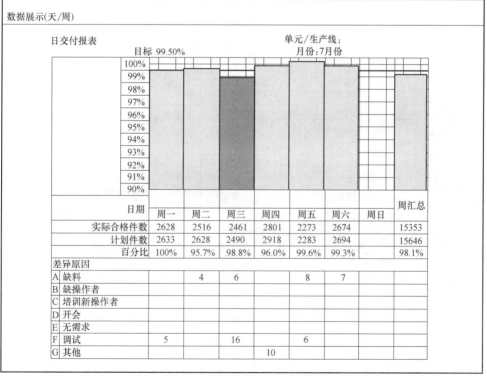

图 4-18 单元的准时交货绩效

数据展示(周/月)

月交付报表

目标 99.50%　　　　　　单元/生产线：
　　　　　　　　　　　　年度：

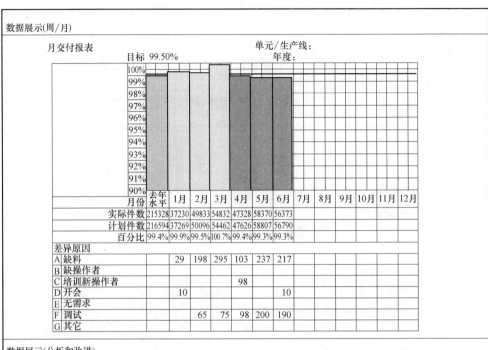

月份	去年平均	1月	2月	3月	4月	5月	6月	7月	8月	9月	10月	11月	12月
实际件数	215328	37230	49833	54832	47328	58370	56373						
计划件数	216594	37269	50096	54462	47626	58807	56790						
百分比	99.4%	99.9%	99.5%	100.7%	99.4%	99.3%	99.3%						

差异原因

		去年平均	1月	2月	3月	4月	5月	6月
A	缺料		29	198	295	103	237	217
B	缺操作者							
C	培训新操作者					98		
D	开会		10					10
E	无需求							
F	调试			65	75	98	200	190
G	其它							

数据展示(分析和改进)

月度产品交付柏拉图				
数据来源：				100%
数据收集 从：		到：		90%
编码	项目	合计	%	累计%
A	缺料	217	52%	52%
F	调试	190	46%	98%
D	开会	10	2%	100%
	总和：	417		

改善行动清单

编码	问题	措施	谁	何时	每周更新	
A	缺料	对缺料问题进行A3	××	××	○	△

图 4-18　单元的准时交货绩效（续）

数据展示(天/周)

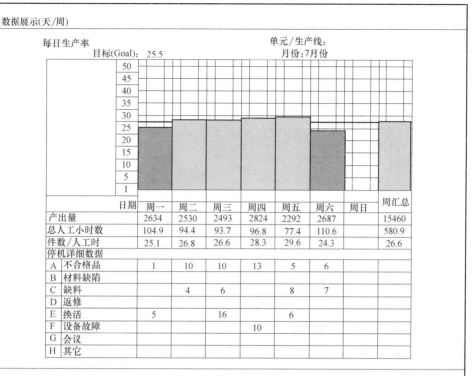

每日生产率　　　　　　　　　　　　　　单元/生产线:
目标(Goal): 25.5　　　　　　　　　　　　月份:7月份

日期	周一	周二	周三	周四	周五	周六	周日	周汇总
产出量	2634	2530	2493	2824	2292	2687		15460
总人工小时数	104.9	94.4	93.7	96.8	77.4	110.6		580.9
件数/人工时	25.1	26.8	26.6	28.3	29.6	24.3		26.6
停机详细数据								
A 不合格品	1	10	10	13	5	6		
B 材料缺陷								
C 缺料		4	6		8	7		
D 返修								
E 换活	5		16		6			
F 设备故障				10				
G 会议								
H 其它								

数据展示(周/月)

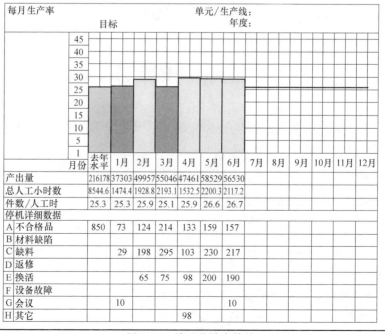

每月生产率　　　　　　　　　　　　　　单元/生产线:
目标　　　　　　　　　　　　　　　　　年度:

月份	去年水平	1月	2月	3月	4月	5月	6月	7月	8月	9月	10月	11月	12月
产出量	216178	37303	49957	55046	47461	58529	56530						
总人工小时数	8544.6	1474.4	1928.8	2193.1	1532.5	2200.3	2117.2						
件数/人工时	25.3	25.3	25.9	25.1	25.9	26.6	26.7						
停机详细数据													
A 不合格品	850	73	124	214	133	159	157						
B 材料缺陷													
C 缺料		29	198	295	103	230	217						
D 返修													
E 换活			65	75	98	200	190						
F 设备故障													
G 会议		10				10							
H 其它				98									

图 4-19　单元的效率绩效

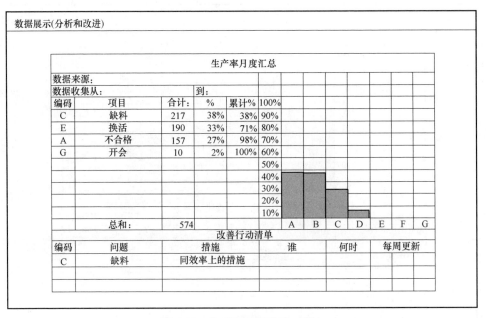

数据展示(分析和改进)

生产率月度汇总											
数据来源：											
数据收集从：			到：								
编码	项目	合计：	%	累计%	100%						
C	缺料	217	38%	38%	90%						
E	换活	190	33%	71%	80%						
A	不合格	157	27%	98%	70%						
G	开会	10	2%	100%	60%						
					50%						
					40%						
					30%						
					20%						
					10%						
	总和：	574				A	B	C	D	E	F	G

改善行动清单						
编码	问题	措施	谁	何时	每周更新
C	缺料	同效率上的措施			

图 4-19 单元的效率绩效（续）

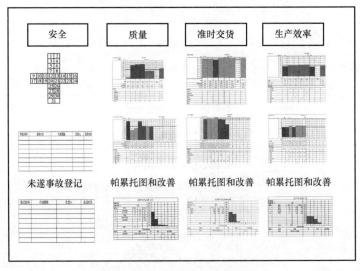

图 4-20 单元绩效目视化管理展示

4）班组人员要每天对单元绩效目视化板的数据进行回顾了解班组绩效；

5）班组人员就是一个自然的改善团队，利用精益工具进行日常的改善。

3. 绩效管理细胞——一天分成每小时生产方式

一天分成每小时生产方式，英文叫作 Day By the Hour，即 DBH。顾名思义，它是以小时为单位来反映现场生产情况的一种方法，它的意义在于及时跟踪现场情况，一旦出现异常马上解决，防止问题累积，由此也就不难理解它被称作绩效管理细胞的原因了。

实施 DBH 时，根据客户节拍时间（Takt Time，TT）计算出每个小时应该完成的目标产量作为计划，然后每个小时记录实际生产的完成状况，并与目标产量进行对比，这样可以及时了解生产的完成状况。如果 TT 不等于 Cycle time，则根据 CT。由于是将计划按照小时进行了分解，所以有了问题不会被延误了一天的时间才进行解决。

在单元工序设立目视化 DBH 信息板，如图 4-21 所示，员工每小时进行生产记录、异常记录，仍然使用醒目的绿、红色来表示"达标"还是"没有达标"，领班或线长要每小时进行一次签字确认，以便及时了解生产状况并随时解决出现的问题。

另外，要建立异常状况的升级制度，比如一个小时没有达到标准，领班进行解决，两个小时没有达标，升级到主管解决，如果三个小时没有达标，则要升级到经理或者更高级领导解决，通过这样的升级系统，使异常无处可藏，从而保证每天、每周乃至每月的生产效率。

每小时生产记录目视板

白班	零件名称	目标数量	实际数量	累计目标数量	累计实际数量	异常记录	主管签字
颜色	黑色	黑色	绿色/红色	黑色	绿色/红色	黑色	黑色
7:00 8:00	A	200	202	200	202		××
8:00 9:00	B	200	190	400	392	质量异常停机3分钟	××
9:00 10:00	C	200	180	600	572	换型6分钟	
10:00 11:00							
11:00 12:00							
12:00 13:00							
13:00 14:00							
14:00 15:00							

图 4-21　每小时生产记录目视板

通过在每个 DBH 记录板上放置醒目的红色、绿色信号灯（旗帜或者杯子等），来显示上一个小时的生产完成状况，这样的目视化可以让问题一览无余，得到及时解决。然后，再将每小时的生产情况，用红色、绿色信号反映到单元绩效板上，进行一天的连续监控，并制定问题的升级流程，如图 4-22 所示，如此就达到了对每小时生产情况进行记录和问题解决的目的。

按照 DBH 进行异常记录，就是借鉴了安灯（Andon）系统的方式，是对生产每小时绩效进行记录和问题反馈的方法，事实上当问题发生时，员工需要借助另外的安灯系统随时反馈问题，相关人员要及时解决，并非一定要等到一个小时才进行解决，这一点需要特别说明。

安灯系统是目视化管理的一种工具，通过这种管理方式来识别运行过程中的异常，比如，设备停机、质量问题、生产节拍滞后、材料短缺等。

"安灯"是日语，有"暗灯"的意思，通过亮灯、暗灯的方式来指示异常。丰田公司最初通过安灯系统，创造了出现问题，立即停机解决问题的文化。比如当某个工位的操作者发现滞后于生产节拍、质量问题、设备异常时可以通过拉绳启动安灯系统进行报警，把异常信息传递出去；还有通过传感装置发现设备异常或出现质量问题时能够立即停机，同时触发信号，启动相应的指示灯来显示设备异常。当班组长、工程师收到异常信息时，马上到达现场解决问题，问题解决后安灯系统恢复到正常状态。

总结一下安灯系统的作用：

1）识别生产异常。

2）建立发现异常，立刻停机解决问题的文化。

3）通过信号、数据沟通生产状况。

4）安灯系统可以在生产和非生产区域使用。

信号	升级流程
1个红色信号 	班组领导了解问题并解决
2个红色信号 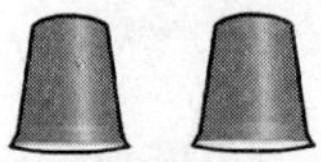	通知主管
3个红色信号 	通知价值流经理

图 4-22　安灯系统的升级流程

支持性部门的绩效管理 <<<

上面谈到的绩效联动系统，是以产品形成的价值流部门为基础而展开的。另外，除了价值流部门以外，其他所有的支持型部门同样需要承担实现战略目标的各项任务。在开篇的案例中，我们也看到了供应链部门、质量部门以及人力资源部门等各部门也制定了自己的愿景、目标和行动计划，它们同样需要有系统的绩效管理。

现在，HG公司每个部门同样建立了部门的绩效跟踪系统，把部门重点任务和关键绩效指标放在了部门经理的办公室，同样有很好的目视化管理来识别目前的任务完成情况、纠正措施等，使问题同样无处可藏。

比如供应链部门，在它们的绩效指标跟踪中心板上包括了这些内容：供应链部门的愿景、PPI（采购价格指数）、应付账款天数、供应商开发情况以及运输费用等，当然，A3报告是必不可少的，这是完成目标的纠偏利器，如图4-23所示。

对于财务部，它们的绩效指标跟踪中心板包含的内容有：利润指标、应收账款天数、财务费用、现金流以及A3报告等，如图4-24所示。其他部门如人力资源部、质量部、IT部门等都采用相同的管理方式，根据部门的职责都建立自己的绩效指标跟踪中心，在此就不一一列举。

另外，按照生产线绩效管理目视化的管理方法，同样在办公室建立类似于DBH的安灯系统，也是非常重要的。比如供应链部门把供应商的准时交货作为当前主要的跟踪指标，然后每天对其数据进行跟踪，也用红色、绿色的信号按照每天进行监督管理，跟踪异常，反馈问题，使问题暴露在众人面前，并快速采取行动解决。

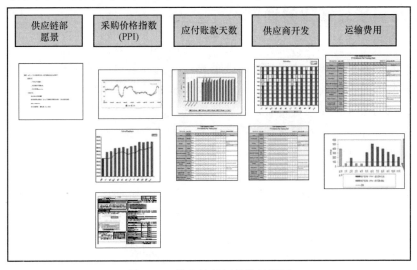

图4-23 供应链部门绩效目视板

至此，我们看到，一个联动的精益战略策划和部署系统形成了：建立绩效管理系统，并对绩效管理系统按照安灯系统的方式进行目视化，达到目标和过程的有机结合，为公司整体战略的成功实施奠定了坚实的系统管理基础。

当绩效无法达标的时候会有 A3 报告触发。A3 报告是解决问题的方法，它会涉及许多精益工具，诸如 5Why、六西格玛方法等，如此就把战略和战术统一起来了，关于问题解决的方法，在情景 6 中将进行详细的介绍。

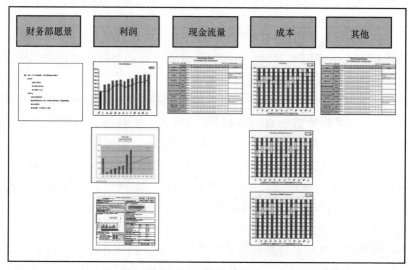

图 4-24　财务部门绩效目视板

防止组织绩效搭建的误区

愿景、战略的实现和落地，一定是反映在组织的绩效指标上面的，那么如何搭建组织的整体绩效指标，这是非常重要的环节。就像盖房一样，无论房子的外形设计、内部装饰看上去如何华丽，其根基必须要牢固。所以要建立每个层级的组织绩效指标，依照 PDCA 循环进行管理和持续改进，同时基于上下齿轮连接和传动，这样就形成了整体组织绩效管理和实现的强有力驱动系统。通常企业在构建组织绩效系统的时候，存在以下问题：

1）没有系统化的绩效指标，或者指标没有科学性。

2）指标过多导致事无巨细，难以衡量，或者指标过少，比如只关注销售额或者利润。

3）缺少指标间的逻辑关系。

4）缺少对组织目标的监控。

5）没有利用精益工具来解决过程中出现的问题，以保证达成目标。

6）关注组织局部问题或者绩效，忽视整体影响和结果。

7）目前的系统不支持绩效指标系统的设置和数据的获得。

8）缺少绩效管理的目视化系统。

9）为了考核而设置组织目标。

现在，你可能会建议把这些绩效指标用先进的信息技术进行展示，这确实很好，但不是最重要的，关键是首先建立一个完整的绩效管理联动系统，让这个系统正常地运转，它可以帮助随时发现问题并及时改正，这才是最重要的，至于将来如何实现信息化，那是水到渠成的事情。

本 章 小 结

作为一个企业，通常会涵盖三个基本的职能：财务、营销以及运营，财务绩效是企业生存的理由，营销是财务绩效的前提条件，运营管理则是实现前面两个职能的基础。组织的绩效系统，实际是对这三个职能是否正常运作的表现系统，精益战略和绩效管理通过精益的方法和思想，使这个绩效系统既是一个评价系统，也是一个能够帮助企业实现愿景和战略的驱动系统。其中反映运营水平的几个核心精益绩效指标是：安全、质量、效率、成本、准时交货率以及库存水平等。

扩 展 思 考

阅读完本章的内容，请仔细思考以下问题，并建议你在空白页写下你的答案：

1. 列出目前你所在组织的目标，思考它们与战略的关联性和相互关系。

2. 你如何设定你的组织绩效目标？

3. 你将如何搭建组织的绩效联动系统？

4. 如何使绩效管理目视化？

5. 你还有哪些体会？

6. 你将如何行动？

关注财务的价值流经理——精益会计在组织绩效管理系统中的角色

HG 公司刚开始推行精益的时候，大家主要关注的是现场改善，作为价值流经理的吕新，关注更多的也是生产线各项指标的改善，当然这些指标的提升最终会反映在财务绩效上，但究竟是如何影响财务绩效的，吕新就没有非常清晰的概念了。

但是，随着公司精益战略和绩效管理的系统推进，吕新对整个公司运作的了解渐渐有了一个完整的轮廓。尤其在最近，公司让吕新参加了一个关于"非财务人员的财务管理"课程，课程内容不仅包括了传统财务知识，而且重点部分是精益会计方面的内容，这让吕新耳目一新，感觉有很大提升，对精益工具也有了更加深刻的理解。虽然之前知道"过量生产"和"库存"都是浪费，也清楚要尽可能避免这样的浪费，但学习了财务知识之后，就对浪费的理解更加深刻，对生产的控制也更加严格了。比如对于"陌生者"⊖产品，吕新严格按照"零"余量的要求执行，这样做表面上看虽然可能会增加换型的次数，但是避免了过早和过量生产，事实上，这类型的产品一旦过量生产，通常会变成"呆滞"库存，放置一段时间后，最后只能做报废处理，日积月累，最终造成对利润的影响。

到目前为止，吕新对"价值流经理"角色体会得越来越深，也更加意识到自己工作的价值所在。过去吕新在车间里，脑子里想的只是产量、交货这些事情，而现在除了这些主要的工作以外，他总是会把日常的活动和改善同"钱"和"利润"联系起来，经常用财务的眼光来看待问题，因为吕新知道，产品加工工艺路线中（Routine）的 1 秒钟代表的不仅是 CT（循环时间）的组成，也意味着财务意义上的"价值"，这一秒包含了人工费、固定摊销、制造成本等各种费用，如果效率提升了，生产的时间缩短了，那就代表单位制造费用的降低……

⊖ "陌生者"是指用量小，波动大的产品，这是依据 ABC/XYZ 分类法确定的，参考《精益生产实践之旅》一书。

除此以外，吕新也可以看到每月自己价值流部门的损益表，这样他可以有的放矢地去管理生产，每次因为某些改善带来财务绩效的改变，吕新都会由衷地高兴，也就更加有方向感和成就感……

传统的会计方法

1. 传统财务会计

在企业里，很多人对财务部门的工作并不是很了解，通常大家认为财务部门的主要工作就是记账、收付款、组织盘点以及制作公司财务报表等例行工作，很少有人想到财务部门会和精益有什么联系。而对于财务部门的员工来说，他们也认为自己的工作比较独立，只要生产、采购等部门按照要求把日常的工作做好，数据及时输入到系统，财务部门进行数据分析就可以了，也很少考虑精益对财务部门的影响以及财务部门对精益的贡献。

现在我们首先来思考下面几个问题：

1）企业里有多少人认为自己的工作正在影响着企业的利润？

2）传统的标准成本信息是否提供了真实的产品成本状况？

3）改善带来的成本降低如何被有效和及时地反映在产品成本信息中？

4）标准成本分析是否带来了正确的精益改善方向？

5）精益工具究竟如何发挥作用而影响到财务绩效？

2. 标准成本法

为了回答以上问题，我们先来了解一下所谓的标准成本法，因为标准成本法是西方管理会计中重要和通用的方法。同时，随着ERP系统在我们国家很多企业中的广泛应用和实施，越来越多的企业开始使用标准成本法。它的主要原则是依据企业的设计产能和预计的生产经营费用来确定产品的标准成本，然后通过差异调整换算为实际成本的成本核算方法。

（1）标准成本法确定单位产品成本

标准成本法的前提是确定单位产品标准成本，其计算公式为：

单位产品标准成本＝单位产品标准消耗量×标准单价

有了单位产品标准成本，就可以计算出当期财务的标准成本，其计算公式为：

标准成本＝实际产量×单位产品标准成本

对于制造型的企业来讲，其产品的成本构成分为三部分，即原材料、员工工资以及制造费用，也就是通常所说的料、工、费，如图5-1所示。

产品的成本＝产品的材料费+$\sum$（每个工序的生产时间×每个工序的费率）

其中，每个工序的费率是基于预先制定的成本和规划产能为基础进行计算的。

我们来看一个基于月度费用和产量进行工序费率计算的例子，见表5-1。

得到各个工序的费率之后，根据产品的 BOM 和产品的生产工艺路径及加工时

表 5-1 工序费率计算表

工序	A	B	C
产量/件	350000	300000	200000
总运行时间/小时	6000	5000	4000
工人工资/元	111000	84000	65000
固定费用/元	161000	174000	87000
变动费用/元	280000	200000	240000
总费用/元	552000	458000	392000
工序的费率/(元/小时)	92.00	91.60	98.00

间，就可以得到单位产品的标准成本。

比如，对于 M 产品，经过 A、B、C 三个工序的加工时间分别是：

在 A 工序的加工时间：300 秒

在 B 工序的加工时间：300 秒

在 C 工序的加工时间：350 秒

按照各工序的费率，可以得到 M 产品的标准制造费用为：300×（92÷3600）+ 300×（91.6÷3600）+ 350×（98÷3600）= 24.83 元，如果 M 产品的原材料的价格是 10 元，那么 M 产品的标准成本是 34.83 元。

图 5-1 产品的成本构成

（2）基于标准成本的损益表

标准成本是在理想状态和预设条件下的预估成本，在计算实际的收益时，要对材料、库存、盘点等差异进行调整，然后再扣除实际发生的费用，最后得到损益表。

下面我们来看看 HG 公司之前是如何对成本和费用进行财务会计管理的。

尽管 HG 推行精益生产已经有三年的时间了，但是组织架构的设置并没有大的改变，所谓的价值流部门仍然是属于生产部门的两个下设部门，如图 5-2 所示。

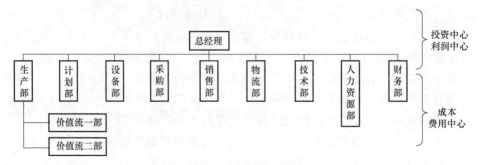

图 5-2 HG 公司的组织架构和传统财务核算

基于 HG 公司之前传统的组织架构设置，生产部、计划部、设备部等各部门都被设置为成本中心，财务部门把所发生的成本和费用按照类别归属到不同的成本中心，然后根据每月的销售、工单完工等情况，生成月度利润表，见表 5-2。

表 5-2　HG 公司的月度损益表

项目	月度数据	项目	月度数据
销售额/元	8605352	制造费用/元	2263190
销售成本/元	6900000	费用吸收/元	(2620467)
毛利/元	1705352	销售和管理费/元	672231
毛利率	20%	税前利润/元	1585262
差异调整/元	(194864)		

HG 公司的情况是这样的，比起公司的利润而言，各个成本中心的经理更加关注自己部门的年度费用预算，因为大家认为只有足够的费用才更加方便本部门更好地开展工作。虽然每年公司也要求各个部门开展成本降低的活动，但是大家似乎对此并没有强烈的意愿，因为大部分的部门负责人并没有意识到本部门的各项日常活动与公司的成本和利润是息息相关的，每当谈到公司的经营情况和利润时，大家的第一反应是，这是总经理和财务部门的事，和自己关系不大。尽管每个月财务部门会把一张损益表发给各个部门经理，但是大家从损益表上并没有得到更多有关成本的信息。

（3）传统财务管理的非精益导向

由于大部分的财务经理甚至现场的生产主管对精益生产并不熟悉，他们更多的是关心数据上的效益以及表面上的成本降低，而忽略了应用精益的理念和方法来消除浪费，从而降低成本，增加收益。大部分财务人员认为：频繁的换型只是会浪费时间，所以只有通过大批量生产才会降低费用；通过库存增加费用吸收，并且库存并不是问题，反正迟早会卖出去，只是时间问题而已；机器放在那里闲置不生产，就是资源的浪费，所以必须保证连续生产等。还有，由于低成本的财务导向，许多管理者也错误地认为，劳动力成本越低越好，从而忽略对员工的长期投资和培养；只要可以获得较低的采购价格，大批量购买也无所谓，凡此种种，就是由于传统会计思维导致的非精益观念。

在许多企业里，财务部门工作很努力，他们的工作态度严谨，对数据的准确性要求很高，为了达到所谓准确的成本控制，他们要求严格的物料进出管理手续，系统数据输入。但是，事实上即使精确到小数点后四位的所谓准确数据也并不能带来真正的成本降低，反而因为繁琐的中间手续造成了很多浪费。

以价值流为导向细化财务核算　≪≪≪

1. 将价值流变为利润中心

精益会计的方式并不是要完全摒弃传统的会计方法，而是通过与精益生产方式相匹配和结合，为公司战略实施和运营结果提供数据支持和努力的方向。

以产品家族为依据确定产品的价值流，使产品形成的价值最大化，这是精益生产很重要的方式，这种生产方式的优点在于打破了传统的以部门为单位的生产组织模式，消除了部门间各自为政，不考虑上下游需求而导致过量生产的缺点，实现产品在工序间的顺畅流动。与流动（包括工序间的超市）生产方式相匹配，财务人员必须改变要求每道工序进行建工单和投料的动作，减少中间出入库和 ERP 系统操作的环节，并通过"倒冲"的方式实现自动工单投料的问题。

当生产方式从传统模式向精益生产模式转变时，组织架构以及管理模式都要随之改变，传统财务会计向精益财务会计的转变既是财务管理理念本身的转变，又需要建立在组织变革的基础之上，这样才能完成企业精益转型，最终建立真正的精益企业。所谓"新酒要装在新皮袋里"，就说明了这个道理。

之前，对于 HG 公司来说，虽然有了价值流的生产模式，但是价值流部门仍然是属于生产部门的一个下设部门，从财务管理的角度来说，他们其实并没有对整个产品的价值形成过程进行完整的管理，也仅仅是被作为一个成本中心来进行管理，因此，价值流部门也谈不上对产品形成过程进行整体有效的管理和协调。

下面是肖老师与 HG 公司王总和团队成员关于财务精益变革的对话：

王总："看来我们需要重新调整企业的组织架构和部门职责了，让价值流部门成为真正的价值流部门，让他们在关心产品生产的同时，也要关注价值流的成本和利润。"

肖老师："没错，将价值流从成本中心向利润中心转变，让价值流部门的经理能够了解部门的利润，这样对相应成本的控制就有了更深刻的理解。"

王总："这样就不是只有我和财务经理关心公司的利润了。"

"那真是太好了！"财务经理郭远激动地说。

吕新听了也兴奋地说："我们不再是只能埋头苦干的生产人员，而是关注公司业务，为公司创造价值、带来利润的 businessmen（生意人）。"

……

图 5-3 是 HG 公司调整后的组织架构，这样的架构改变了原来以职能部门作为成本中心的管理模式，对价值流部

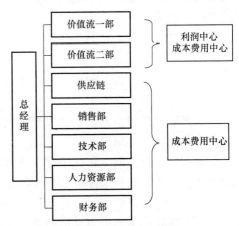

图 5-3　HG 公司调整后的组织架构和精益财务核算

门进行单独的利润核算，它既是成本中心，又是利润中心，其他职能部门的费用分摊到价值流部门，这样价值流部门就会关心影响利润的各个环节。

2. 以价值流部门为单位的财务会计报表

表 5-3 是 HG 公司以价值流部门为单位的财务会计报表，通过它我们可以清楚地看到这个价值流的成本和利润情况。如果每个价值流部门都能够使用这样清晰的财务报表，价值流的负责人就会有的放矢地去控制各个环节的成本，尽可能增加利润。

与传统的财务报表相比，以价值流部门为单位的财务会计报表不仅清楚地展示了材料的价格变化、直接工人的工资、水电气、辅料以及运费等与生产直接相关的费用，而且也对其他部门摊销到价值流的成本以及销售费用等进行了分项统计。价值流经理不仅要关心自己部门发生的制造费用，而且会在意其他部门的费用，因为其他部门费用的多少会直接影响到整个价值流的利润。

表 5-3　HG 公司价值流一部的月度财务损益表

项　目	月度数据	项　目	月度数据
销售/元	5736901	水电/元	212000
销售成本/元	4600000	运费/元	48000
毛利/元	1136901	实验费/元	12000
毛利率	20%	维修备件/元	52000
总调整/元	（107909）	总固定费用/元	1398961
用料差异/元	（4000）	折旧/元	216678
采购价格差异调整/元	（329909）	劳保/元	10457
产品报废/元	2000	餐费/元	24645
其他调整/元	200000	管理人员工资/元	160000
库存差异/元	24000	其他部门分摊费用/元	539026
直接工人工资/元	225914	销售和管理费用/元	448154
总可变费用/元	522599	库存吸收/元	（1746978）
工装费用/元	168000	息税前净利润/元	844314
辅料/元	30599	息税前利润率	15%

吕新马上表达了自己的感受："通过价值流的月度损益表，我们对价值流的经营情况就非常清楚了，可以做到有的放矢。"

"你说得很对，这张价值流利润表是经过财务部门汇总后的报表，简单易读，这样大家就对价值流的整体经营情况可以有个概括的了解。除此以外，财务部门也会对各部门的费用进行分类统计，以便进行分析和控制。"肖老师说。

"通常来讲，每月相关部门的摊销费用不应该有很大的波动吧？"吕新问。

"这只是通常情况，也有例外情况。比如为处理客户投诉，质量部门的差旅费大幅增加，或者由于采购部门的原因造成的超额运费等。"财务经理郭远补充说。

"所以通过这样细化的价值流财务报表，可以对每个月度价值流的运营情况进行跟踪分析（表5-4），一旦有问题就会很容易发现其中的波动和差异，也便于后续及时采取纠正措施。"肖老师接着说。

表 5-4　价值流月度财务损益表

月份 / 项目	1月	2月	3月	4月	5月	6月	7月	8月	9月	10月	11月	12月
销售/元	5736901	6884282	6425330									
销售成本/元	4600000	5428000	5428000									
毛利/元	1136901	1456282	997330									
毛利率	20%	21%	16%									
总调整/元	(107909)	(113587)	(110197)									
用料差异/元	(4000)	5000	3370									
采购价格差异调整/元	(329909)	(309877)	(318302)									
产品报废/元	2000	4320	341									
其他调整/元	200000	18564	1164									
库存差异/元	24000	2600	1200									
直接工人工资/元	225914	22875	23520									
总可变费用/元	522599	576797	546963									
工装费用/元	168000	154387	160392									
辅料/元	30599	31690	30990									
水电/元	212000	254400	232040									
运费/元	48000	57600	52537									
实验费/元	12000	14760	15348									
维修备件/元	52000	63960	57692									
总固定费用/元	1398961	1470757	1470757									
折旧/元	216678	216678	216678									
劳保/元	10457	10457	10457									
餐费/元	24645	24645	24645									
管理人员工资/元	160000	160030	160030									
其他部门分摊费用/元	539026	565977	565977									
销售和管理费用/元	448154	492969	492969									
库存吸收/元	(1746978)	(1766978)	(1748237)									
息税前净利润/元	844314	1266418	814524									
息税前利润率	15%	18%	13%									

　　不过对于很多公司，实际上并不想公开自己的利润，对此给出内部结算的建议，即采用公司价值流产品内部报价方法。所谓的公司价值流产品内部报价方法就

是产品成本价乘以固定利润率，销售的高低与价值流的利润没有关系。目前流行的阿米巴经营模式就是应用了内部结算的方法。

图 5-4 展示的是成本完全吸收体系下，价值流的利润情况展示，其中产品成本不仅包含了与产品有关的各项变动费用，也包含了折旧、部门摊销等固定费用。基于价值流产品的成本，假设给定的利润比例是 10%，那么销售部门从价值流部门得到的产品成本等于产品成本乘以 110%，公司的内部价格基于此标准执行，这样月底可以得到价值流的利润情况。

另外需要说明的是，管理是难以模仿和复制的，即使其他人知道你的成本，并不等于可以复制你的管理方式，学习精益的企业很多，但是真正做成功精益的企业并不多，只有内部管理透明的公司，大家才可以更加明确方向，也让管理者可以更加认真负责地经营公司。

因此，精益会计的做法是写给那些希望成长和真正愿意进行精益变革的公司！

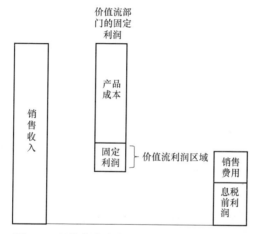

图 5-4　以价值流成本为基础的内部定价系统

对话继续进行……

"上面我们谈到财务月报，这是通常财务的做法，虽然可以提供绩效的状况，但是时间的跨度有些长，不利于问题的及时解决。还记得在学习价值流的时候，谈到 Pitch 的概念吧？"

"记得，Pitch 是指在节拍工序释放和拿取物料和产品最小增量的时间。"吕新回答道。

"非常正确！在精益生产中规定 Pitch 的长度，是为了生产均衡，一旦发现异常马上进行解决，理想状态的 Pitch 是一个 TT"，肖老师接着说，"那么管理也是如此，一个月了解财务的绩效可以，如果可以以周为单位公布财务绩效，那就更好了。"

"有道理，不过会增加财务部门的工作负担啊"！财务经理郭远说。

"不用担心，精益会计周报需要快速、简单，不一定非常精确，只要可以基本了解每个价值流的运营状况就可以。"

表 5-5 是一份简单的精益会计周报，通过上面的周报可以了解价值的整体绩效状况，包括运营绩效、目前产能的利用状况以及财务绩效，当然我们可以根据企业的实际状况和需要来增加或删减财务周报的内容。记住：为了改善数据才有意义，否则就是浪费。

表 5-5　价值流周度财务报表

时　　间		上一周	本周	下周	本月预测
运营绩效	单人产量				
	准时交货率				
	产品的平均成本				
	应收账款天数				
	库存金额				
产能状况	生产有效时间率(%)				
	非生产时间率(%)				
	可利用产能(%)				
财务绩效	销售收入				
	材料成本				
	变动成本				
	价值流边际利润率(%)				

3. 将作业活动和成本相联系

产品价值是由与之相关联的各项作业活动决定的，要想得到反映整体情况的价值流损益表，还需要对各部门的各项具体活动进行记录、控制，通过建立细化的成本中心登记发生的费用，然后分析影响成本的各项因素，图 5-5 展示的是价值流的详细作业活动。

一个产品的形成，是由许许多多的具体作业环节配合完成的，价值流部门作为价值形成的直接过程，既包括物料接收、各工序制造、产品入库和发货给客户等物料流动的过程，也包括客户信息、生产信息、物料信息等信息流的传递过程。这些作业过程需要价值流部门以及其他职能部门共同协作完成，如销售部门和客户的沟通、联系，供应链部门提供物料辅材，研发部门进行样品开发，质量部门的检验和试验、产品在整个价值流部门的流动以及最后产品的包装运输等。

价值流利润的支撑来源于每项作业活动合理的成本，在价值流部门损益表的背后其实是各项费用的成本细分。如果财务部门能够把成本细化到各项作业活动上面，对成本的控制才会做到有的放矢。现在我们来看一看供应链部门详细的作业活动：负责开发合格的供应商，进行物料采购并确保及时运送到生产线，当生产线生

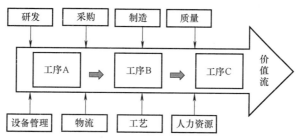

图 5-5　价值在价值流中形成过程的活动要素

产完产品之后，他们还要负责把产品发送给客户；另外，还要对供应商的质量、交期、价格等进行定期分析并对供应商进行有效的管理等，这些工作无时无刻不与成本和费用相联系，精益会计则会对这些费用进行详细的记录，为日后的改善提供数据支持，这是传统会计所没有的。

图 5-6 的对比表反映了供应链部门的费用情况，左边是基于传统方法按照工资、运费、设备折旧等进行分类统计，非常粗略和笼统，单纯通过这个报表很难了解费用发生的具体情况；与之相对照的右边费用明细报表则是按照精益会计的方式进行归类统计，每项费用都和具体的作业活动相联系，如果出现成本的大幅增加，非常容易找到具体的原因。比如某个月运费突然增加了，有可能是物流公司运费提高，也有可能是由于生产计划问题造成紧急空运，也可能是由于产品质量问题造成退换货问题而增加了费用等等，所以一份精益会计的财务报表，为运营决策和改善提供了详细的依据。

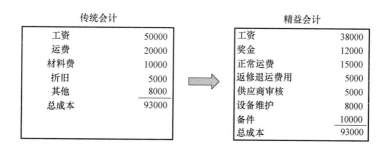

图 5-6　传统会计和精益会计的对比

和供应链部门一样，对于其他部门的费用明细同样要尽可能和其具体的作业活动相联系，例如，对于研发部门要统计他们的试验费用、样品开发和试制费用、客户沟通费用；对于质量部门，要统计检验费、计量费、产品检验费用等，在此就不一一列举。

现在对精益会计的实施步骤进行总结：首先按照产品家族划分价值流部门，然后从公司层面把价值流部门看作是独立的利润中心，除了价值流部门本身的制造成本、费用以外，其他部门的费用也要分摊到价值流部门，基于这些成本，计算出该价值流部门产品的标准成本。财务部门要定期提供价值流部门的财务报表，以及异常变化情况，价值流部门则要对这些异常状况予以关注，持续改善。

上面所提到的精益会计报表，因为需要和具体的作业活动相联系进行成本细分，所以对于财务部门来说，可能会增加一定的工作量，但这样的工作量比起所带来的效果则是必要和有价值的。另外，随着 ERP 系统在很多公司的普及，要想获得这样细化的精益会计报表，也就很容易了，只是需要前期按照精益会计的要求进行系统设置，财务部门进行整理就可以。精益会计的报表通常作为内部财务报表进行使用，对外用于财务会计审计时，仍然需要按照传统的财务报表格式进行，二者并不矛盾。

消除浪费就是降低成本

正如我们上面提到的，精益会计的目的是为价值流部门提供有效的运营绩效数据，使价值流部门清楚知道它们的活动是否是正确的和创造价值的。一份简单的便于理解的财务数据报表，可以让价值流部门清楚地知道自己的各项改善是如何影响财务绩效的，为价值流部门的有效决策和改善提供信息。

1. 以财务的角度认识 Muda、Mura 和 Muri

Muda、Mura 和 Muri 都是日语，在丰田生产体系中被称为三个 M，它们是"不产生价值"的各种活动的统称。

Muda 是指浪费，通常把生产环节中的浪费归纳为 7 类，为方便记忆，我们把这几种浪费简称为 TIMWOOD，见表5-6。对于 HG 公司的员工来说，绝大多数人都可以很熟悉地说出这几种浪费，但是并不是所有人真实地将其与财务绩效相联系起来。

表 5-6　从财务的角度看浪费

简称	名称	定义	财务的角度
T	Transportation 搬运浪费	不增值，不是以生产为目的的物料移动	• 人工成本 • 设备折旧
I	Inventory 库存浪费	超过客户或者下工序的需要，包括原材料、在制品以及成品	• 计提、损耗增加 • 资金占用 • 人工成本增加 • 现金流减少 • 暂时的账面上的利润增加 • 应付账款增加 • 库存周转天数增加
M	Motion 动作浪费	不增值的"人或机器"的多余动作	• 人工成本 • 制造成本增加

（续）

简称	名称	定义	财务的角度
W	Waiting 等待浪费	人或机器没有工作负荷，没有产出	• 人工成本 • 制造成本增加
O	Overprocessing 过度加工浪费	不必要的工序或没有增值的多余加工	• 人工成本 • 制造成本增加
O	Overproduction 过量生产浪费	生产超过客户或下游工序所需要的产品	• 计提、损耗增加 • 资金占用 • 现金流减少 • 账面上的利润增加
D	Defect 产品缺陷浪费	质量不符合质量要求而产生的返工、返修以及报废等	• 报废增加，利润减少 • 客户投诉造成索赔、运输等费用 • 返工等造成的人工成本增加

　　基于财务原理对七大浪费进行分析，员工可以很直观地看到他们的每个动作，每个活动都无时无刻不与成本发生着联系。

　　Mura是指不均衡，比如员工工作量的不均衡，生产安排的不均衡，设备负荷的不均衡等，这些是经常遇到的不均衡情况；还有一种经常发生但似乎难以解决的不均衡，即由于客户需求的不均衡而造成的订单季节性波动。在HG公司，把这种订单波动的不均衡戏称为"痛并快乐着"的不均衡，因为市场销售部门认为能拿到订单已经很不错了，还能和客户讲那么多的条件吗？但是随着精益绩效知识的导入，大家逐渐理解了波动对生产和客户的影响，销售部门和运营部门通过销售和运营会议（S&OP）来改善，同时销售部门对客户的需求也进行有意识地管理，这是从前大家所没有意识到的。

　　Muri是指超出负荷，例如员工在非正常强度和节奏的条件下工作；设备超负荷运转而不考虑对其进行正常的维护保养等。

　　尽管Muda、Mura和Muri是三类不同的"不增值"活动，它们之间并非是独立的，而是相互影响和作用的。比如，由于Mura的问题，无法实现均衡化生产，就会导致交货周期延长，库存增加；或者由于Muri的问题造成工作质量和产品质量的下降等。

2. 消除企业管理中的浪费才能不断降低成本

　　大野耐一曾经在他的《大野耐一的现场管理》一书中提到两个公式，一个是价格=利润+成本，另一个是利润=价格-成本，这两个公式看起来相似，但是其意义却完全不同，价格=利润+成本这个公式表示，一个产品的成本确定了，每个产品想获得的利润也确定了，那么它的价格就是这两者之和；而利润=价格-成本则表示，一个产品的价格是由市场和客户决定，如果企业想获得预期的利润，就要通过降低成本来实现。其中重要的手段就是消除当前成本中的浪费，同时寻求在材料替代、工艺改进、技术革新等方面的改善。

精益的核心思想是消除浪费，上面从财务的角度对浪费进行了分析，那么如何才能消除浪费呢？

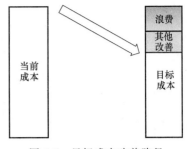

图 5-7　目标成本改善路径

（1）改变对浪费的态度

要让员工知道浪费就是成本的增加，价值的减少，在意识里要不断灌输浪费＝损失的概念。比如，随手关风扇的要求，再比如对制造成本进行细化，向员工进行展示。把改善用"钱"来衡量，比如行走距离的缩短，折算成一定的货币金额，让员工了解其意义。

（2）利用精益工具消除浪费

运营管理包含了设计、生产作业、人员管理、质量管理，同时又与相关的供应链管理密不可分，所以消除浪费，就需要对运营管理中的每项作业进行分析，应用精益工具消除其中的浪费。其中，价值流分析是一个非常重要的工具，它不仅包含了产品价值的制造过程，也包含了其中的信息传递过程，为识别和消除浪费提供了一个很好的方法，建议管理人员要熟练掌握并加以应用。

价值流通常分为生产型价值流、非生产型价值流以及扩展价值流等三个方面，在《精益生产实践之旅》一书中有详细的介绍，在此不再赘述。但是需要特别说明的是，要充分利用你的价值流图，通过价值流识别改善的项目，并持续跟踪。

（3）关注运营以外的浪费

除了生产部门的七大浪费以外，还有第八种浪费，就是人才没有得到充分的利用。关于这一点会在情景 7 中进行深入的介绍，包括如何打造高绩效团队，如何培养员工技能，如何充分发挥员工的能动性等。从而尽可能消除在员工管理方面的浪费。除此以外，尤其要说明的是，企业中的浪费远不止这八种浪费，那些复杂的组织设计造成沟通的困难、审批等待、不合理投入等问题都是巨大的浪费，只有持续消除这些浪费，企业才能高效运作，不断降低成本，增加利润。

改善的前提是标准化作业

1. 现场的标准化作业

标准化作业是精益生产的基础，它既是生产计划的基础，又是工作改善的依据，我们可以从财务的角度来说明标准化作业的意义。产品实际的生产时间与标准作业时间、换型时间、平均生产批量以及生产利用率（Utilization）等多个因素有关，见表 5-7。这些因素决定了产品生产的总时间，时间越长，产出越小，单件产品的费用就越高，所以要对以上这些因素进行改善，而改善的程度如何，其依据就是标准化作业，并最终反映在财务绩效上面。

表 5-7 产品生产过程的时间组成

型号	换型时间/分钟	标准作业时间/分钟	平均生产批量/个	生产利用率	理论生产时间/（分钟/件）	实际生产时间/（分钟/件）
A	30	10	50	85%	10.6	12.4
B	60	8	60	90%	9	9.9
C	50	15	20	90%	17.5	19.2
D	50	16	50	90%	17	18.8
E	40	20	40	80%	21	26.0

除了生产操作的标准化作业以外，对于其他如 TPM、拉动系统等作业也要以标准化作业的方式进行管理，同样为基础管理和改善提供依据。

2. 管理人员的标准化作业

除了生产型的作业标准以外，对于管理方面的作业规范也进行标准化，见表5-8，要让管理人员学会控制时间，以最高效率解决问题，不可以任意发挥，管理缺少标准。设想一群高管开会长时间扯皮，他们的小时费率会是多高呢，从这个角度考虑，就应该缩短开会的时间提高效率。把现场作为工作的重点，所谓"现地现物"和"走动管理（Gemba Walk）"才是精益运营管理的核心。

表 5-8 管理人员的工作标准

任务列表	时间	每日	每周	每两周	每月	每季度	方法	资料	异常处理
价值流早会	15分钟	×					热身活动 回顾 SQPCDI 的指标 对昨天的会议输出进行纠正	更新所有的指标信息	快速决议输出 问题解决需求输出 升级计划
公司级早会	20分钟	×					热身活动 回顾 SQPCDI 的指标 对昨天的会议输出进行纠正	更新所有的指标信息	问题解决 A3 报告需求
分层审核	60分钟	×					按照分层审核进行现场审核	现场 5S，价值流中心、团队指标板、拉动系统、标准化作业、TPM 和问题改善等	对审核结果进行及时纠正： —快速改善措施 —长期纠正措施 —A3 报告
月度绩效会议	90分钟				×		各部门参加的公司绩效会议	关键绩效指标回顾 项目进度 关键事宜	A3 报告输出

（续）

任务列表	时间	频率					方法	资料	异常处理
		每日	每周	每两周	每月	每季度			
精益改善提案评估会议	90分钟		×				精益提案评估精益提案执行情况	评估资料提案执行情况汇总	优秀提案资源需求输出
生产会议	60分钟	×					生产计划、主计划、周计划的执行情况	生产计划的相关资料	资源需求瓶颈管理
销售和运营会议	120分钟				×		对销售和运营的匹配性管理	按照运营管理五步法执行	资源需求改进措施

TOC 理论对财务绩效的意义

　　TOC（Theory of Constraints）理论是由以色列物理学家高德拉特（Eliyahu M. Goldratt）博士提出的，因其 1984 年出版的《目标》一书而被大家所熟知。TOC 理论的中文翻译为"约束理论"，也称为制约理论或者瓶颈理论。"约束理论"的主要关键点是：系统的最大产出是由其关键的瓶颈工序决定的，所以要想获得最大利润，就必须消除约束点或者尽可能地提高约束点的产出。

　　如图 5-8 所示，某生产线由 4 个工序组成，C 工序为瓶颈工序，它决定了整个生产线的最大产出，所以无论其他工序效率有多高，对于整体产出都无济于事，所以优先要做的就是对瓶颈工序的改善。

　　在 TOC 理论中涉及三个重要的绩效衡量指标，其具体的计算方法如下：

　　1）有效产出 = 销售额 - 原材料成本，即销售额扣除原材料成本之后所获得的利润，之所以把其定义为"有效产出"，说明并不是所有的产出都是有效的，根据上面的公式可以知道，只有产品被销售出去，这样的产出才是有效的，否则就是"无效产出"。正如图 5-8 所表示的，瓶颈工序决定了整个生产线的最大产出，并且

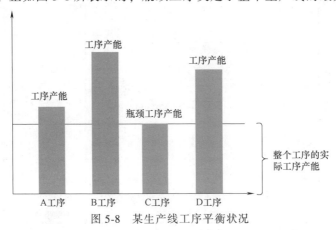

图 5-8　某生产线工序平衡状况

最大产出并不一定是有效产出，也就是说局部优并非整体优。

2）纯利润=有效产出−运营费用。其中的运营费用是指除了原材料以外，所需要的制造费用、管理费用等。在前面精益财务中已经对运营费用进行了详细的说明。

3）投资回报率=纯利润÷库存金额。与传统财务意义的投资回报率计算方法不同，TOC中的投资回报率是用纯利润除以库存金额，通过这个公式，说明获得的利润是用多少的库存金额来进行支撑，库存越大，那么投资回报率就会越低。在精益生产中，库存被视为万恶之源，在这一点上，TOC理论和精益的观点是完全一致的。

约束理论中用鼓-缓冲-绳法（Drum-Buffer-Rope Approach，DBR法）来形象地描述如何管理系统中的约束条件，其中瓶颈工序是约束全局的关键点，其生产节奏就是生产节拍，也可以称为"鼓点"，它决定着整个生产线的节拍，所以为了达到系统的最大产出，所有资源应该首先用来保证瓶颈工序的正常运转。如图5-9所示，流程C为瓶颈工序，C工序之前几个工序的生产就由瓶颈工序C所决定，它们之间的关系像用绳子绑在一起一样，随着C工序鼓点的节奏而同步进行，这就是绳的意思。因为瓶颈工序C决定了整个生产线的最大产出，所以，为了保护瓶颈工序，就需要在瓶颈工序的前面设立一定的缓冲库存，缓冲库的多少是由从A工序到C工序的生产时间所决定的，这个时间的长度代表了绳子的长度，绳子的长度决定了缓冲库存的大小，通常这个缓冲库存被称为时间缓冲库存（精益生产中的超市库存量计算要考虑这个要素）。另外，为了防止流程C工序本身出现的异常，也需要在工序C之后设立一定的缓冲库存，这个库存被称为空间库存（和精益中的FIFO或店面类似）。

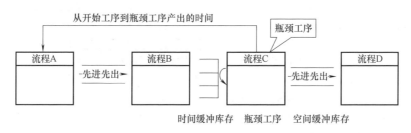

图5-9 工序中缓冲库存的设置

现在，根据约束理论并结合上面提到的精益会计方法，总结一下单个产品的成本计算方法：

1）基于价值流来计算产品单位成本。

2）识别产品形成价值流过程的瓶颈工序，即最小产能工序。

3）识别与产品相关的其他管理或者服务费用，同样作为产品的成本构成。

4）基于瓶颈工序的产能作为产品转换（Conversion）成本的计算基础，而不是按照各工序的产能进行成本分摊，否则会低估产品的转换成本。再回到上面图5-9所展示的案例，如果计算 A 工序的小时费率，其最大产出的量是以 C 工序的产量决定的，而非 A 工序本身的最大产能。这就是为什么需要最大限度地提高工序（工位）之间的平衡率。

5）依据物料清单（BOM）计算原材料成本。

不仅是降低制造成本

精益的核心是减少浪费，但是如果把精益财务的目的仅仅设定为降低制造成本，这还远远不够，必须从财务的角度关注除了成本和利润以外的指标。有很多企业，虽然财务报表上的利润很好，但难以为继的也不在少数，这就是因为他们忽略了许多应该关注的其他财务绩效指标，那么，如何建立一个平衡的可以全面衡量财务绩效的精益财务体系呢？

（1）关注 CCCT

CCCT 是英文 Cash to Cash Cycle Time 的缩写，它是指从付钱给供应商到收到客户货款的时间，其计算公式为：现金到现金的周期=库存天数+应收账款天数−应付账款天数，其含义如图5-10所示。现金到现金的周期反映企业正常经营所需要营运资本的整体有效性，如果现金到现金的周期时间不合理，那么企业是难以维持的，现金到现金的周期越短越好，如果抛开与客户和供应商相关业务条款的技巧问题，要想使现金流充足，其中一个非常重要的条件就是尽可能降低"库存"，减少应付账款的总额。

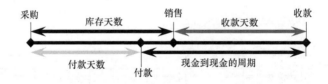

图 5-10　现金到现金的周期示意图

（2）关注制造以外的成本

精益财务与传统财务的不同还在于关注制造成本以外的成本，很多公司只关心制造成本的降低，却忽略了制造成本以外的成本，这些成本恰恰是影响企业经营的非常关键的要素，包括：

1）资金（包括库存）的时间成本。精益准时化生产所倡导的均衡化生产，不仅提高对客户的反应速度，而且又能防止过程中在制品和库存的增加。根据 TOC 理论中投资回报率=纯利润÷库存金额的公式，放置的库存是有时间成本的，每天的成本就等于投资回报率×库存金额。

2）不合理的资本投入。通过精益的方法提高效率，最后考虑通过资本投入增加产出，而且首先要考虑解决瓶颈工序的问题，这是精益运营和财务管理的重要原则，所以要衡量企业的投资回报率，其公式为：投资回报率 = 销售利润率×资产周转率×财务杠杆。一个简单的例子，投入2000万元，年销售2000万元，利润500万元和投入6000万元，年销售2000万元，利润500万元，利润率相同，但结果是完全不同的，例子虽然简单，但是实际应用的时候，就不是那么简单了。

过去的HG公司就是如此，只是关心单位产品中变动成本的降低，甚至曾经出现为了降低人工成本，盲目引入高度自动化的设备，结果适得其反，设备的利用率不高不说，还增加了很多库存，所以不合理的财务绩效导向会造成错误的管理方向。

还有一个重要的财务指标叫作销售利润变动率，它是用当期的利润和去年同期利润的变动额除以当期销售与去年同期销售的变动额，用来追踪销售利润变动是否在合理范围内。

当销售上升，利润上升，变动比率超过30%，被认为是正常波动，小于30%，被认为是非正常波动，需要提供具体影响因素；当销售下降，利润下降，变动比率小于30%，被认为是正常波动，超过30%，被认为是非正常波动，需要提供具体影响因素；当销售上升，利润下降，被认为是非正常波动，需要提供具体影响因素进行详细分析；当销售下降，利润上升，被认为是正常波动。

3）需要投入时机会成本的丧失。与上面的第二条相反的情况是，当确实需要投入新的设备解决瓶颈工序的问题时，却因为复杂的审批手续（如复杂的投资回报率计算）或者年度预算的限制而延误了订单，丧失了机会，增加了机会成本，这样的状况在许多大公司是典型的弊病。

一张纸的绩效计分卡

现在我们已经学习了精益战略和绩效管理的许多内容，从愿景、战略到组织绩效管理系统，相信大家已经有了一个比较清晰的概念和轮廓，这些内容最终的绩效体现，可以通过一张纸的绩效计分卡（Performance Score Card）来展示。

现在让我们再看看情景4中提到的公司级绩效指标跟踪中心的展示图，其右下角的部分是一张纸的绩效记分卡，它是在平衡计分卡的基础上，把企业绩效整体浓缩在一张纸上，使大家可以更清晰和全面地了解企业在财务、运营等方面的表现，见表5-9。

表 5-9　一张纸的财务报表

客　户

	准时交货率		客户退货率	
	计划	实际	计划	实际
去年	98.0%	97.4%	150	52
1月	98.0%	98.0%	100	38
2月	98.0%	96.3%	100	26
3月	98.0%	95.0%	100	
4月	98.0%		100	
5月	98.0%		100	
6月	98.0%		100	
7月	98.0%		100	
8月	98.0%		100	
9月	98.0%		100	
10月	98.0%		100	
11月	98.0%		100	
12月	98.0%		100	
目前为止		97.2%		100

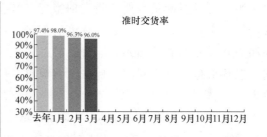

准时交货率

财　务　绩　效

	采购价格指数(千元)	销售价格指数(千元)	影响(千元)
去年	(180)	100	(80)
1月	(200)	220	20
2月	(150)	180	30
3月			
4月			
5月			
6月			
7月			
8月			
9月			
10月			
11月			
12月			
目前为止	(530)	500	(30)

	销售额(千元)		净利润(%)	
	计划	实际	计划	实际
1月	8.856	8.900	20%	21%
2月	9.286	10.120	15%	20%
3月	9.558	10.188	18%	19%
4月	8.116		25%	
5月	9.688		25%	
6月	10.944		30%	
7月	11.933		25%	
8月	9.487		25%	
9月	13.341		23%	
10月	13.467		23%	
11月	12.930		20%	
12月	12.566		20%	
目前为止	27.697	29.206	20.0%	

	应收账款平均天数	应付账款平均天数
去年	45	78
1月	34	80
2月	38	78
3月	40	85
4月		
5月		
6月		
7月		
8月		
9月		
10月		
11月		
12月		

学习与成长

	年人均产值 万元/人	工资销售比 %	安全事故率 %
去年	213.60	6.1	0.0
1月	228.20	5.6	0.0
2月	233.60	5.5	0.0
3月	214.80	5.5	0.0
4月			
5月			
6月			
7月			
8月			
9月			
10月			
11月			
12月			
目前为止	233.6	5.7%	0.0%

人均年产值

内　部　流　程

	库存金额 千元	金额变化率 %	库存天数 天
去年	6.908		
1月	7.243	4.8	22
2月	7.453	7.9	22
3月	6.331	−8.4	19
4月	7.557		
5月	8.536		
6月	9.307		
7月	7.400		
8月	10.406		
9月	10.504		
10月	10.085		
11月	9.802		
12月	9.908		
目前为止		−8.4%	19

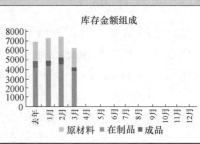

库存金额组成

原材料　在制品　成品

注：此处数据均展示部分月份模拟数据。

—采购价格指数（PPI）：用来追踪当期与去年同期或者去年年末相比，采购价格增长变动情况。

—销售价格指数（SPI）：用来追踪当期与去年同期或者去年年末相比，销售价格增长变动情况。

除了上面一张纸绩效记分卡所包含的内容以外，企业还可以根据实际情况再细化财务报表，更加准确地反映精益运营的健康状况，而非只关注利润。

精益会计系统建立的几个关键点

精益会计系统的建立，一定会使你的企业向着精益管理的更高水平又向前迈了一大步，不过我们需要强调以下几个关键点：

1）建立先进的 ERP 系统。在学习精益生产的时候，已经探讨过 ERP 系统的作用，在很多人的认识里，ERP 系统似乎与精益生产所倡导的准时化生产或者拉动生产是格格不入的，其实这是一种误解。看板虽然可以跟踪物料的到货情况，但是为了及时和快速得到库存的状况，也能够快速得到每周和每月需要的财务报表，还是要依赖于先进的 ERP 系统，而国内的很多企业在这方面投入甚少，甚至还停留在手工记账的水平，这是不可取的。

2）建立严格的财务制度。除了法律、法规所要求的财务制度，企业最好建立自己的内部控制制度。同时也要建立严格的财务风险控制制度。

3）建立完善的财务指标及报告系统，全面反映企业的经营状况和真实财务绩效。

4）对非财务部门的人员进行财务知识的培训。

5）让员工有用"钱"来衡量各种浪费，比如库存以及节约的意识。

6）不能因为关注短期财务绩效，而影响长期决策⊖。

7）打造真正以"精益"为基础的企业管理方式。

不少中国国内企业的财务部门非常强势，认为自己只是一个控制和监督部门，而没有意识到更应该是一个提供信息，协助价值流部门实施改善的服务部门，因为他们认为精益是生产制造部门的事，所以从来就没有认真学习过精益知识，向精益会计转变也就无从谈起，但是现在到了转变的时候了！

本 章 小 结

按照产品家族划分价值流部门，然后从公司层面把价值流部门看作是独立的利润中心，除了价值流部门本身的制造成本和费用以外，其他部门的费用也要分摊到价值流部门，基于这些成本，计算出该价值流部门产品的标准成本，但标准成本并不是精益会计。财务部门要为价值流部门定期提供财务报表以便及时掌握异常情况，价值流部门则要对这些异常状况予以关注，持续改善成本。

⊖ 《丰田 4P 模式》中的 14 项原则之一。

扩展思考

阅读完本章的内容，请仔细思考以下问题，并在空白页写下你的答案：

1. 目前，你企业的会计系统是如何为精益服务的？

2. 你们有哪些例行的财务绩效指标？

3. 你还有哪些体会？

4. 你将如何行动？

走出困局的供应链经理——精益转型中的问题解决

随着精益推进的深入，HG 公司对内部的组织架构做了一定的调整，原来的采购部和物流部合并到一起，成立了供应链部门，如图 6-1 所示。供应链部门重要的职责是负责原材料的采购，以及与销售部门对接，处理来自客户的订单。所以一旦遇到客户抱怨交货的问题，供应链经理就应责无旁贷地应对这样的事情。

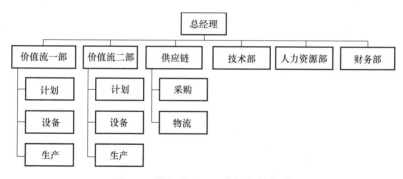

图 6-1 调整后的 HG 公司组织架构

虽然供应链部门对客户的反馈表现积极，但是在内部，价值流经理们似乎对供应链经理的支持却并不是很给力。所以供应链经理徐美丽很苦恼，总感觉自己是孤军奋战，压力很大。三年前公司开始推行精益生产，虽然工作略微轻松了一些，但是每当遇到交货问题的时候，就不是简单地处理客户关系了，而是需要认真填写 A3 报告。如果是由于客户或者供应商原料外部问题导致的交货不及时，她比较清楚，可一旦涉及内部生产组织的问题时，就需要找价值流部门一起讨论，但在协调与价值流部门的关系时，就不那么轻松了。不过价值流经理们也有自己的道理，其中一个主要的原因是价值流部门认为，所谓的价值流部门徒有虚名，并没有按照价值流部门的模式来运营管理，自然他们也会把很多问题推到生产计划部门和设备部门。

但是随着精益组织架构的变化，情况出现了转机。目前 HG 公司对生产部门完全按照价值流的模式进行了调整，原来的生产部门被拆分为两个价值流部门，同时把计划部、设备部等部门的职能也分别划归到价值流部门中去，每个价值流部门设定自己的运营绩效管理目标，财务绩效也分别进行跟踪和定期公布。

这下价值流经理们就难找到借口了，对每项指标都非常关注。每个月价值流经理们都会主动跑到财务部门询问财务报表什么时候可以出来，利润如何，费用是什么情况，运费是不是处于正常水平……。对于运营方面的绩效指标（SQPCDI）就更不用说了，因为每个价值流的表现如何，通过公司级价值流跟踪中心的帕累托图一眼就可以了解得到。

当然，供应链部门的经理徐美丽也就不用再发愁写 A3 报告了。因为在日常管理中，通过各级指标控制系统，大家就非常了解交货的情况，不用督促，价值流经理就会主动组织自己部门的人员分析交货不达标的情况。如果客户需要正式的 A3 报告，她只要把交货的情况进行简单的分析，把数据传递给发生问题的价值流部门，价值流经理就会提供一个完整且高水准的 A3 报告。

供应链经理终于走出了困局……

问题的种类

1. 第一类：紧急突发的问题

这些问题通常具有不可预知性，比如因设备突然停机造成的停产、人员之间发生的冲突、停电停水等突发问题，通常需要紧急解决。紧急突发问题的发生与"波动"有关，有时候目标虽然没有发生变化，但是由于过程的波动，即使曾经达到了既定的目标，却又退回到原来的水平。

波动的起因来自于人员、机器、物料、方法、环境和测量几个方面，即前面所说的 5M1E。这些因素的影响造成了波动的产生，出现了变异和偏差。按照正态分布，结果出现在正负 3 西格玛以外的概率大约为 0.27%，这样看来问题的发生似乎变成了偶然中的必然，但是解决问题的方法就是要消除这些造成变异的波动。

通常我们遇到的问题往往是看得见的问题，这些问题是可感知的，但它们只是凸现在海平面以上的冰山的一小部分。隐藏在海平面之下，其实还有许许多多的小问题，正是由于这些小问题的累积才形成了那些看得见的大问题，问题的"冰山理论"如图 6-2 所示。

2. 第二类：不能达到目标的问题

当结果不能达到预期的目标就产生了问题，所以这类问题首先与目标有关。过去有些情况可能不是问题，但是随着时间的推移，目标改变了，这些情况就变成了问题。正如上面案例中提到的交货问题，如果之前的年度目标是 90%，那么基于当时的状况，大家感觉还不错，所以就没有人认为是问题；但是当年度目标提高到96%，准时交货率就变成了问题。这就是精益战略部署的意义，要不断提高目标，避免停留在原地，从而达成最终的战略目标。

3. 第三类：趋势发展的问题

比如说随着互联网、工业机器人的发展，企业应该基于这一发展趋势，考虑自身水平的提高，这是属于课题类型的问题，精益战略策划和部署涉及的问题就属于此类。

如果按照图6-3所示的象限分类法，问题可以分为四类：第Ⅰ象限是重要而紧急的问题，第Ⅱ象限是不重要而紧急的问题，第Ⅲ象限是既不重要也不紧急的问题，第Ⅳ象限是重要但不紧急的问题。

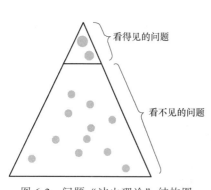

图6-2 问题"冰山理论"结构图

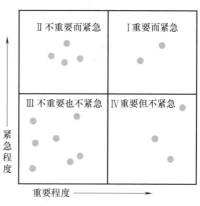

图6-3 问题分类象限

一般情况下，管理者每天以处理重要且紧急和不重要但紧急的问题居多，也就是我们上面提到的第一类问题，即紧急突发的问题。但我们期望的是能把更多的精力放在处理不紧急但重要的问题上来，也就是上面说的第二类和第三类问题，这类问题恰恰是精益战略和策划和部署要解决的问题。

如何解决问题

1. 修正传统解决问题的方法

问题解决（Problem Solving）是丰田生产模式的重要方法。只有问题得到快速和有效解决，才能不断提高企业的管理水平，才能让员工切实体会到精益的作用。常常听到许多企业的员工说，问题反馈了也没用，解决不了，这实在是对员工士气的极大伤害。出现这样的情况，除了因为大家解决问题的意愿不够强烈以外，更多的则是由于解决问题能力的欠缺。所以在精益转型的过程中，学习解决问题的方法是至关重要的。

应用精益解决问题的方法，就必须对比传统解决问题的方法，表6-1列出了二者之间的区别。

表 6-1　传统解决问题方法与精益解决问题方法对比

5W1H 提问	传统解决问题方法	精益解决问题方法
什么样的问题（What）	没有对问题进行分类，胡子、眉毛一把抓	• 突破性目标的达成计划 • 需要优先解决的重要问题 • 预先设定目标，过程实施中有偏离
谁来解决（Who）	领导	团队
在哪儿解决（Where）	忽视现场，遥控指挥	现地现物
何时来解决（When）	救火式，哪里需要出现在哪里	按照计划有序安排
为什么（Why）	被迫推动	持续改善
如何解决（How）	凭地位、经验和感觉	PDCA 和 SDCA 的科学方法

2. 选择要解决的问题

为了保证公司战略目标的达成，解决问题的方法就是非常重要的纠偏手段，它贯穿在战略部署的各个过程当中。问题的触发来源于以下信息：

1）突破性目标的未达成状况。

2）公司级指标跟踪中心。

3）价值流跟踪中心。

4）单元绩效目视化板。

在 HG 公司，定义了明确的触发问题解决（A3 报告）的标准，设定好各项精益绩效目标，如果没有按时达标，则要明确是一次不达标就要去解决问题，还是连续几次才去解决问题。比如，对于公司级指标跟踪中心和价值流跟踪中心的不达标触发频次是每月一次，单元绩效目视化板的不达标触发频次是每周一次。

3. 问题解决十步法

解决问题就是 PDCA 的一个过程，即计划（Plan）、实施（Do）、检查（Check）和行动（Act）。解决问题之后，需要维持取得的效果，防止波动和倒退，这就要进入 SDCA 的过程。SDCA 就是标准化（Standardization）、实施（Do）、检查（Check）和行动（Act）的过程。PDCA 和 SDCA 相结合，使"问题"变成"机会"，实现持续改善，当然这是一个曲折渐进的过程，如图 6-4 所示。

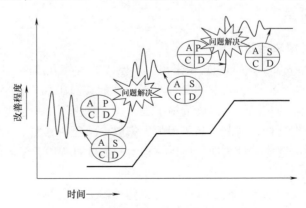

图 6-4　问题解决的 PDCA 和 SDCA 过程

下面介绍的问题解决十步法，其核心就是 PDCA 和 SDCA 思想的体现，见表 6-2。

表 6-2　基于 PDCA 的问题解决十步法

PDCA 循环	问题解决的步骤	使用的工具	在此步骤是考虑的关键点
计划-Plan	1. 定义和描述问题	• 趋势图 • 帕累托图 • IS-IS NOT 法	问题被准确定义了吗
	2. 了解目标和需求	• 过程流程图 • 价值流图 • SIPOC 分析表	目前的状态和目标的差距清晰了吗
	3. 采用团队的方法	• 团队章程 • 角色和边界条件确定	建立多功能小组了吗
	4. 识别潜在原因	• 鱼刺图 • 5Why • 检查表	• 必要的信息被考虑了吗 • 五个 Why 之间是符合因果的逻辑关系吗
	5. 收集和分析数据	• 趋势图 • 假设性检验 • 方差分析	• 选择的原因可控吗 • 消除原因后能够取得效果吗
	6. 制定和选择解决方案	• 实验设计 • 摘取低垂果实法 • 权重分析法 • 成本-收益分析法 • 其他各种精益工具	• 对可以快速完成的项目是否进行了确定 • 对所有可选择方案是否进行了成本考虑
	7. 确定行动计划	• 甘特图 • 详细行动计划跟踪表	• 是否按照 What、How、Who、When 进行了行动计划的制定
	8. 获得领导批准和支持	A3 报告	
实施-Do	9. 实施方案	• 甘特图 • 详细行动计划跟踪表	是否定期跟踪
检查-Check	10. 衡量、监控和控制结果	• 趋势图 • 控制图 • 过程能力分析 • 标准化作业 • 审核表	• 下一步可以在哪些方面进一步改善
行动-Act	回顾和奖励,进入 SDCA 的过程		

在 HG 公司，年度目标中的其中一项要求准时交货率达到 96% 以上，但是在 8

月份，公司整体的准时交货率没有达标，如图 6-5 所示，根据公司级绩效中心的帕累托图，非常清晰地了解到，吕新所在的价值流部门是造成交货不达标的主要原因，如图 6-6 所示，因此，写 A3 报告的任务就自然落在了吕新的头上，下面我们就和 HG 公司的吕新一起应用问题解决十步法来共同解决交货问题。

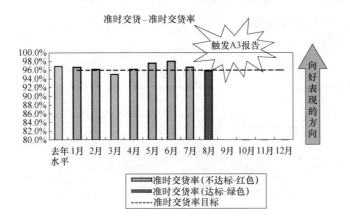

图 6-5　HG 公司绩效跟踪中心的准时交货状况

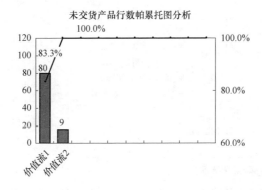

图 6-6　HG 公司绩效跟踪中心的准时交货帕累托图

（1）第一步：描述问题

描述问题，看起来好像是比较简单的事情，但事实并非如此。描述问题是前期对问题了解的过程，一个准确的问题描述，就等于解决了问题的一半。在描述问题的时候，可以使用以下几种方法。

1）趋势图。如果把目标值放到趋势图上，直观显示过去结果随着时间的变化情况，则可以非常清楚地了解实际状态与标准的差别变化情况。

2）帕累托图。对缺陷和不良类型按照其对问题的贡献率进行排列，识别出其中的主要贡献者（Contributor）。问题的 80% 是由 20% 的因素决定，这就是 80/20 定律，帕累托图是 80/20 定律的直观图表展示。

3）IS-IS NOT 比较法。IS-IS NOT 比较法是对问题进行调查和了解的一种方法，最初被用在解决质量问题时发现和寻找变异。它是通过对谁（Who）、什么问题（What）、什么地方（Where）、什么时候（When）、多少数量（How many）、多少成本（How much）几个方面进行"IS-IS NOT"提问和比较，找出问题的关键点，从而可以客观准确地描述问题，见表6-3。

通过使用 IS-IS NOT 比较法，避免大家在面对问题时，在没有客观了解问题之前就立即跳到问题的结论上面。比如当问题发生时，很多时候我们马上就会说，这是员工责任心问题，这是工作态度问题，这是设备问题，这是原料不良问题，这是管理问题……

表 6-3 IS-IS NOT 比较法

类别	IS	IS NOT	不同	变化和差异
谁	谁发现的问题 具体到人、班次、客户	谁应该发现这个问题但是并没有发现	在"是"和"不是"之间有什么不同	评估发生了怎样的变化，这个变化可以解释"是"和"不是"的差异（如果有的话）
什么问题	什么产品/项目/部门有这个问题，这个问题是什么	什么产品/项目/部门应该有这个问题，但是并没有发生		
什么地方	在什么地方发现的问题	什么地方应该发现这个问题但没有发现		
什么地方	问题发生在产品的什么位置，在过程的哪个步骤	问题应该发生在产品的哪个位置和过程的哪个步骤但没有发生		
什么时候	问题是在什么时候生产的？第一次发现这个问题是什么时候？具体的日期/天/时	什么时候同样的问题应该发生但是并没有发生呢？第一时间应该发现问题但并没有发现的时间是什么时候		
多少数量	有多少产品有这个问题 有多少客户发现了这个问题 产品有多少缺陷	有多少产品应该有这个问题但是并没有呢		
多少资源	这个问题花费了多少成本，资源和时间	这个问题应该花多少成本但是并没有？这个问题可能要花费多少成本、资源、时间		
问题描述	在问题描述中不能只有一个方面，要包括以上比较和分析中得到的相关资料			

现在，我们对 HG 公司出现的交货问题进行问题描述：

1）价值流一部的准时交货率趋势图，如图 6-7 所示。

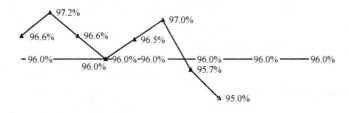

图 6-7　价值流一部的准时交货率趋势图

2）帕累托图。图 6-8 是交货影响因素一级帕累托图。

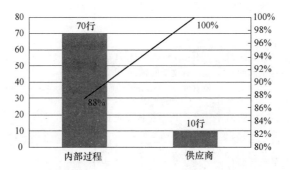

图 6-8　交货影响因素一级帕累托图

3）IS-IS NOT 比较法的分析结果，见表 6-4。

表 6-4　交货率问题 IS-IS NOT 分析

类别	IS	IS NOT	不同点	变化
谁	客户服务部门	价值流部门	准时交货率由客户服务部提供给价值流部门	
什么问题	价值流一部 7 月份准时交货率为 95.7%，8 月份交货率为 95%	其他还没有按照价值流运行的生产线	价值流一部对产品的库存控制严格，当原料、过程发生问题时，没有多余库存来抵消过程的波动	按照精益的方式管理仓库的库存,生产过程的稳定性不够；产品型号增加,不易管理
什么地方	客户服务部门-办公室	组装现场和成品仓库	只有客户服务部门进行月度交货率统计	

（续）

类别	IS	IS NOT	不同点	变化
什么时候	7月份和8月份每个月的月初	每天没有准时交货率的统计,只有未交货的型号清单	准时交货率的监控频次不同	从3月份开始推行精益,准时交货率不断提高,但是在7月份和8月份准时交货率都低于目标值。(7月份由于公司的整体绩效达标了,没有更多关注价值流一部的交货问题,没有触发A3)
多少数量	80行延期交货	其他1520行没有问题		
多少成本	20000元的空运费3000元的快递费	其他正常的发货费用为192000元	正常发货为陆运和海运方式,异常情况需要空运或快递	比正常的费用增加了10%
问题陈述	根据客户服务部门统计的准时交货率数据,价值流一部7月份准时交货率为95.7%,8月份准时交货率为95%,没有达到96%的准时交货率目标要求。8月份总共交货行数为1600行,其中有80行没有按照给客户的承诺日期准时交货,其中由于内部过程原因导致延迟交货行数为70行,占比88%;由于供应商原因造成零部件没有按时到货导致延迟交货行数为10行,占比12%。未准时交货造成23000元的额外运输费用,占总运输成本的10%			

（2）第二步：了解目标和需求

第一步中所描述的只是问题可见的表面现象，现在需要深入到问题产生的细节过程中。在第二步中所使用的方法有 SIPOC 工作表、工艺流程图、价值流图等，也可以通过使用帕累托图来进一步缩小问题解决的范围。

价值流图和工艺流程图大家已经非常熟悉，现在重点介绍 SIPOC 工作表。SIPOC 工作表是英文供应商（Supplier）、输入（Input）、过程（Process）、输出（Output）和客户（Customer）的英文缩写，通过使用 SIPOC 图表，来界定过程范围，识别问题发生的主要过程。

供应商是指为所分析的过程提供材料、信息和资源的人员、部门或组织。

输入是指由供应商所提供的各项资源、信息。识别这些资源、信息的需求和目标，可以帮助了解问题发生工序目前的状态和目标之间的差距。

过程是指输入和输出之间的步骤。

输出是指给出过程的结果。

顾客是指接受输出资源、信息的人员、部门或组织，识别目前输出的结果和顾客目标的差距，了解问题发生的工序。

SIPOC 的方法是从 S 到 C 的顺序进行分析，从过程步骤开始向顾客和供应商扩展。

在六西格玛方法中，把 SIPOC 作为确定问题范围的方法，通常其过程步骤不超过 6 步。通过 SIPOC 的方法识别出问题的范围之后，再使用过程流程图（Process Mapping）的方法继续细化对过程的分析。

在实际操作过程中，我们可以直接使用 SIPOC 的方法，进行过程分析，了解过程的目标和需求，不必过分追求严格的步骤和方法。针对交货问题进行的 SIPOC 分析见表 6-5。

表 6-5　SIPOC 分析表

供应商	输入	要求	流程	输出	要求	客户
毛坯供应商	毛坯准时到货	供应商准时交货率100% 从下单到发货时间：18～21天	毛坯 ↓ 检验 ↓ 加工 ↓ 表面处理 ↓ 组装 ↓ 入成品超市 ↓ 发货	毛坯超市	合格的毛坯满足 PFEP 的库存量	满足客户要求
	及时送检	货物到达，当天送检完毕		在规定的时间内完成检验	2 天内完成检验 平均检验时间为4天	
	合格的毛坯	满足加工要求		按照计划完成生产质量合格	完成率100%；完成率99% 一次合格率大于99%	
组装零件供应商	加工后产品			按照计划完成生产质量合格	完成率100% 质量合格	
	供应商生产的零件，加工后产品	零件准时配送到现场 经常出现缺料状况		完成生产计划质量合格	月度准时交货率大于96% 目前没有日准时交货率统计 合格率100%	
	组装后产品	提前一天入库		按照超市补充物料	及时补货	

根据图 6-6，内部过程因素造成的交货问题占了 88% 的原因，再结合 SIPOC 分析表，目前供应商的准时交货率和交货周期时间均在要求范围内，所以我们把问题

解决的范围确定为从原材料检验到成品出货的范围之内。

通过 SIPOC 分析，发现了几个需要关注的点：

1）供应商提供的零部件的检验时间较长，目前平均的检验时间为 4 天。

2）组装工序经常出现缺料状况。

3）只有每月准时交货率数据，无固定的日交货率统计。

（3）第三步：采用团队合作的方法

许多公司在解决问题时，不是依靠团队，更多的时候是工程师自己独自解决问题。尤其是质量部门，当收到客户投诉的时候，为了尽快提供给客户 8D 报告，经常自己在办公室的电脑旁边编制报告，这实在是巨大的浪费，且毫无意义。

所以在问题解决时，要采用团队合作的方法，在组成团队的时候，要做到以下几点：

1）团队是一个多功能小组。

2）要让最了解现场的一线员工加入到团队中。

3）团队的组长负责组织和协调，并不是承担所有的工作任务。

4）运用头脑风暴法，坚持无责备原则。

5）要制定一定的团队活动规则，如准时参加会议、人人发言等。

6）团队在一定范围内要被充分授权。

要有这样的观念：没有单个人是完美的，但是团队可以是完美的，解决问题必须遵循"依靠团队的智慧解决问题"的原则。

（4）第四步：识别潜在原因

在问题解决的前两步，使用帕累托图以及 SIPOC 分析表对问题进行聚焦，初步确定了问题的范围，接下来的工作就是识别问题发生的潜在原因，这个过程是团队观察现场、分析已有相关数据、运用头脑风暴法挖掘潜在原因的过程。这个过程可以通过使用二级帕累托图，进一步缩小问题解决范围，然后利用鱼刺图识别出潜在原因。鱼刺图中所涉及的人（Man）、机器（Machine）、材料（Material）、方法（Method）、环境（Environment）、测量（Measurement）包含了造成问题的所有因素（5M1E）。

进行鱼刺图分析的时候，可以准备一些不干胶贴纸，大家把自己想到的原因按照 5M1E 的分类，粘贴到相应的类别中。

利用头脑风暴法，会识别出很多潜在的原因，那么究竟如何识别哪些原因是重要影响的原因，哪些又是非重要影响的原因呢？推荐的方法是把原因进行列表打分，打分赋值使用数字 1、3、9，分别代表无影响、次要影响、一般影响和重要影响，这样潜在原因的影响重要程度自然就按照从高到低的顺序排列出来了。

1）对于重要影响的原因继续进行 5 个为什么的提问，直至找到最终的根本原因。

2）对于无影响的原因则直接划掉。

3）那些次要影响和一般影响的原因由团队进行评估，如果可以采取快速改善措施（Quick Action）直接消除的，列入后续的措施中来执行。

现在，让我们回到价值流一部的交货问题上来。

根据上面一级帕累托图（图6-6）的分析，交货问题的主要原因是"内部过程"造成的，共70行，占比88%。接下来对这70行进行二级帕累托图的分析，识别出主要的原因是"库存与系统不符"，共50行，占比71%，如图6-9所示。

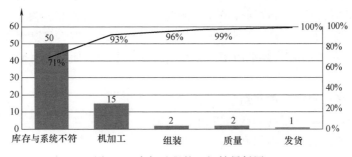

图 6-9　内部过程的二级帕累托图

这样我们将问题的范围缩小到"库存与系统不符"的这个影响因素上，之后团队成员一起通过头脑风暴，使用鱼刺图进行潜在原因的识别，如图6-10所示。

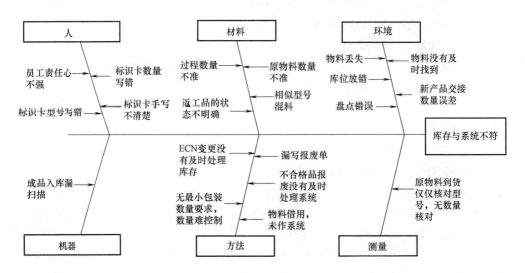

图 6-10　库存与系统不符鱼刺图

根据图6-10的分析，团队总共识别出20项与问题有关的潜在原因。对这些潜在原因进行列表，并对每一项的影响程度进行分析和赋值，得到库存与系统不符的潜在原因表，见表6-6。

赋值完成之后，按照从高到低的顺序对潜在原因项进行排列。可以清楚地看到，属于重要影响因素的有3项，可以采取快速改善措施的有8项，留作后续问题解决进行改善的有7项，没有影响的有2项。

表 6-6　库存与系统不符的潜在原因表

5M1E	潜在原因	影响程度
人	员工责任心不强	1
	标识卡型号写错	3
	标识卡数量写错	3
	标识卡手写不清楚	3
机器	成品入库漏扫描	3
材料	过程数量不准	3
	原物料数量不准	9
	相似型号混料	3
	返工品的状态不明确	9
方法	ECN 变更没有及时处理库存	3
	无最小包装数量要求，数量难控制	3
	不合格品报废没有及时处理系统	3
	漏写报废单	3
	物料借用，未作系统	1
环境	库位放错	3
	盘点错误	3
	物料没有及时找到	9
	新产品交接数量误差	1
	物料丢失	1
测量	原物料到货仅仅核对型号，数量未核对	3

在表6-7潜在原因重要程度列表中，员工责任心不强的这一项被排列到了最后，因为其影响程度得分为"1"，那么是不是就意味着"人"的因素并不重要呢？其实"人"的因素是非常重要的，正因为非常重要，任何一个问题，都可以简单地把它归结为人的问题，让大家找到一个轻松的借口，而不再去深入挖掘背后的真正原因。所以在寻找原因的时候，有一条原则必须坚持，那就是最后才把问题发生的原因归结为人的因素，即使是人的原因，也要找到系统发生了什么才导致是人的原因。

表 6-7　潜在原因重要程度列表

序号	潜在原因	影响程度	对潜在原因的初步反应
1	物料没有及时找到	9	继续 5 个 Why
2	原物料数量不准	9	继续 5 个 Why

（续）

序号	潜在原因	影响程度	对潜在原因的初步反应
3	返工品的状态不明确	9	继续 5 个 Why
4	标识卡型号写错	3	快速措施,培训员工
5	标识卡数量写错	3	快速措施,培训员工
6	标识卡手写不清楚	3	快速措施,培训员工
7	过程数量不准	3	留作后续问题解决的改善项目
8	原物料到货仅仅核对型号,数量未核对	3	留作后续问题解决的改善项目
9	相似型号混料	3	留作后续问题解决的改善项目
10	ECN 变更没有及时处理库存	3	留作后续问题解决的改善项目
11	无最小包装数量要求,数量难控制	3	留作后续问题解决的改善项目
12	不合格品报废没有及时处理系统	3	留作后续问题解决的改善项目
13	漏写报废单	3	快速措施,培训员工
14	库位放错	3	快速措施,培训员工
15	盘点错误	3	快速措施,培训员工
16	成品入库漏扫描	1	留作后续问题解决的改善项目
17	物料借用,未作系统	1	快速措施,通知到相关部门及时办理手续
18	新产品交接数量误差	1	快速措施,培训员工
19	员工责任心不强	1	忽略
20	物料丢失	1	忽略

（5）第五步：收集和分析数据

在收集和分析数据的过程中，要通过使用 5 个为什么（5Why）的方法，对识别出的重要影响因素不断进行"为什么"的提问，直至找到隐藏在表面原因背后的最根本原因（Root Cause）。

在使用 5Why 方法的时候，常常会发现下一层的原因不止一个，这时就需要判断到底是哪个原因，以便在进行措施制定和改善时所花费的成本更低。

通过 5Why 的方法寻找根本原因，首先是通过逻辑推理、基于一定知识和经验判断找到原因，之后通过收集相关数据对是否为根本原因进行进一步的验证和确认。

在表 6-7 中第一个重要的潜在原因是"物料没有及时找到"，表面看它似乎和"库存与系统不符"的问题没有太多关联，但事实上在水蜘蛛配料的时候，确实因为没有及时找到物料，影响了当班组装工序的订单完成率，之后经过再次寻找，又找到了该物料，所以，当时的问题就是库存与系统不符。

下面对表 6-7 中第 1 项潜在原因进行 5Why 分析。

问题：库存与系统不符

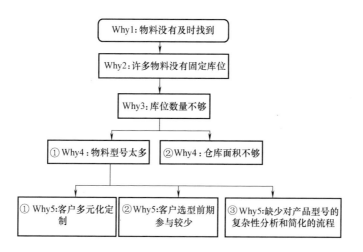

在上述进行5Why的提问过程中，在Why3"库位数量不够"的下一层原因出现了两个分项，一个是"物料型号太多"，一个是"仓库面积不够"。这两个原因似乎都有道理，但是基于精益生产的原则和实际的经验判断，先不考虑"仓库面积不够"的原因，而是选择了Why4"物料型号太多"。

继续进行Why5的提问，得到了3个分项原因。经过小组反复讨论，最后确定第③条"缺少对产品型号的复杂性分析和简化的流程"是真正的根本原因。

现在进行相关数据的收集和分析，来了解目前产品的复杂性状况，作为对根本原因的验证。

当识别出的根本原因涉及产品型号复杂性的时候，按照"陌生者""执行者"和"重复者"进行三级帕累托图的分析，发现"陌生者"对问题的贡献最大，占比约为84%，如图6-11所示。

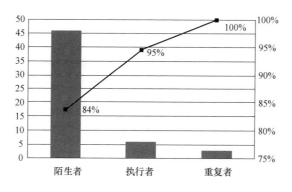

图6-11 库存与系统不符的三级帕累托图

根据统计，其结果如下：目前销售的共4684个型号，其中221个型号贡献了销售的88%，而4463个型号仅仅贡献了销售的22%。

型号数量	销售额
221	88%
4463	22%

这些为验证根本原因而作的统计分析，给大家带来了许多意外的收获。目前产品的型号复杂，品种繁多，这样的复杂性确实带来诸多的库存管理问题，造成管理和资源的浪费。

接下来对表 6-7 中第 2 项潜在原因进行 5Why 分析：

问题：库存与系统不符

Why1：原物料数量不准

Why2：供应商来料数量短缺

对第 2 项潜在原因进行 5Why 分析时，得出的结论是可能由于供应商来料数量短缺，但是这样的结论缺少依据，所以需要从"为什么没发现"的角度去问为什么：

问题：库存与系统不符

Why1：原材料数量短缺没有发现

Why2：进料检验仅仅核对型号，没有对数量的检验

Why3：进料检验标准中没有规定对数量的检验

在进行 5Why 挖掘原因的时候，除了考虑问题发生的根本原因以外，还要考虑为什么没有发现（Detect）和系统（Systematic）的原因，如系统在哪里有疏漏而导致问题的发生。

使用同样的方法，团队完成了表 6-7 中第 3 项潜在原因的 5Why 分析：

问题：库存与系统不符

Why1：返工品的状态不明确

Why2：不合格物料返工过程中系统难以识别其过程的状态

Why3：缺少对不合格品数量和处理完成时间的追踪和控制

Why4：不合格品管理程序中缺少返工处理时间和数量核对的流程

（6）第六步：制定和选择解决方案

根本原因找到以后，接下来的工作就是针对原因制定措施，措施当然也包括那些可以进行快速改善的项目。

在制定措施的时候，针对原因的措施常常会有多种方案，但并非所有方案都是必需的，要考虑其难易程度、投入成本，以及带来的收益和效果，我们要摘取容易够到的果子。

下面介绍 3 种常用的方案选择方法：

1）力场分析法。力场分析法又称动阻力分析法，尤其是解决感性问题的时候，该方法是一种很好地将措施进行量化处理的方法。其原理是任何事物都处在一对相反作用力之下，且大部分时间处在平衡状态。为了发生变革，驱动力必须大于阻力，从而打破平衡。

力场分析的结果就是建立力场分析模型图。其步骤是将所期望达到的目标放在上面，然后找出对目标有影响的驱动力和阻力，并在图表上标出箭头，驱动力在右侧，阻力在左侧，用1~10的数字对每一力量强度进行判分，1代表最弱，10代表最强（注意：无论驱动力还是阻力都是正数，不是抵消的关系），选择出最强的驱动力和最强的阻力，对于驱动力则要采取措施进行增强，对于阻力则要采取措施，使之减弱或消除。

2）方案权重分析法（Weighted Decision Analysis）。方案权重分析法是对各种方案进行选择的过程，首先需要确定方案的评估标准并赋予权重，然后对各个方案进行打分，每项打分与权重相乘后求和，得出每个方案的总分，最后依据得分的高低对方案进行最优选择。

3）"容易实现目标矩阵法"（Low Hanging Fruit Matrix）。首先将所有的潜在解决方案列表，见表6-8，按照预期收益和执行的难易程度打分，其中预期收益最高为10分，预期收益最低为1分；最容易执行的为10分，最难执行的为1分。

表6-8 潜在解决方案列表

编号	方案	收益	难易程度
1	A	1	5
2	B	5	7
3	C	6	3
4	D	4	2
5	E	8	5
6	F	9	4
7	G	10	3
8	H	2	8
9	I	4	4
10	J	3	5

然后得到两个维度的"容易实现目标矩阵"，如图6-12所示。需特别说明的是，在解决质量问题的时候，经常应用试验设计（DOE）方法来找到最优参数组合，这时候使用"容易实现目标矩阵法"来确定其优先性和必要性就更加重要。

对于价值流一部准时交货问题，针对5Why分析出的根本原因，制定以下几项措施：

1）对目前产品进行简化。

2）对供应商的原物料进行数量控制。

3）修订不合格品管理和控制程序。

针对原因列表"标识卡"中可以采取的快速改善措施是：

4）对员工书写流程卡进行标准化和培训。

这四项措施实施起来比较容易，并不需要使用容易实现目标矩阵来进行分析。

（7）第七步：确定行动计划

根据第六步中所选择出的方案，制定行动计划，要按照什么措施（What?），谁来负责（Who?），什么时候完成（When?），哪个区域、地方（Where?），如何完成（How）以及多少成本（How much?）等方式形成措施清单，具体步骤如下：

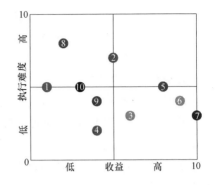

图6-12　容易实现目标矩阵

1）列出高阶的任务清单。

2）对高阶任务进行分解，列出细化的任务清单。

3）确定每个任务的负责人、目标完成日期等，责任人必须是具体的某个负责人，而非某类岗位的统称，而且最好放一个负责人的名字，而非两三个人的名字。

4）涉及成本投入的项目要列出预计需要的金额等。

5）进行后续的追踪。

表6-9是价值流一部准时交货问题的具体行动计划。

（8）第八步：获得领导批准和支持

在完成行动计划之后，需要获得领导的批准，批准的目的是得到领导的支持，特别是涉及较大资源的投入，这样的批准过程，也是沟通的过程。

在问题解决的过程中，领导所扮演的更多的是教练的角色，帮助和启发问题解决团队确实应用头脑风暴对问题原因进行了深入的寻找和挖掘。

（9）第九步：实施方案

根据第七步所制定的行动方案，责任人按照既定计划去执行。团队要定期对措施的完成情况进行回顾，并用红色、绿色来表示非准时和准时情况，起到目视化的作用。

（10）第十步：衡量、监控和控制结果

措施是否有效，要通过数据来显示结果是否得到改善，可以使用趋势图、帕累托图、控制图等各种直观的图表，以及过程能力指数等方法进行监控和测量。结果的改进一定是与行动计划相关联的。很多时候行动计划还没有开始，结果就变得很好了，缺少逻辑关系，这说明要么数据有问题，要么就是没有找到问题的根本原因。在解决问题的过程中，我们并不希望问题"不治而愈"。

在问题解决之后，很重要的一个工作就是后续的标准化，因为问题的改善常常

表6-9 HG公司准时交货问题行动计划

项目	任务	负责人	W24	W25	W26	W27	W28	W29	W30	W31	W32	W33	W34	W35	W36	W37	W38	W39	W40
1	对当前的产品进行简化	LX		○															
1.1	分析陌生产品的历史销售数据	SH		○			△												
1.2	制定产品简化标准，依据标准对陌生产品分类	SH						○				△							△
1.3	修订产品目录清单，并与客户沟通	LX											○						
2	对供应商的原物料进行数量控制	ZZ			○					△									
2.1	修订进料检验标准，将数量检验纳入质量检验标准	ZZ			○	△													
2.2	收集至少一个月的原料数量，检验结果，进行分析	HY				○				△									
2.3	对目前没有标准包装的原物料进行标准化	ZZ			○				△										
3	修订不合格品管理和控制程序	ZZ			○				△										
3.1	对目前各个过程的不合格产品处理情况进行了解	ZZ			○	△													
3.2	对不合格品管理和控制程序进行初步修订	HY				○		△											
3.3	组织各部门讨论程序，并最终确定和更新流程	ZZ						○	△										
4	对员工专写流程卡进行标准化和培训	LX	○		△														

○ 计划开始时间　△ 计划完成时间　准时 绿色

● 实际开始时间　▲ 实际完成时间　不准时 红色

119

会涉及如失效模式和结果分析（FMEA）、控制计划（Control Plan）以及其他的作业指导书（Work Instruction）等文件的更新，以便维持所取得的成果。

学会使用 A3 报告

将问题解决的过程用 A3 纸记录下来形成问题解决的报告，这种方式在丰田已经成为精益的标准方法，而"A3 报告"也成为问题解决的代名词。

在 HG 公司，把 5Why、鱼刺图以及 A3 报告的格式印刷在白板上，小组成员可以在现场应用这些白板"现地现物"地解决问题，然后把报告用拍照的方式进行存档。团队解决问题的氛围非常好，其中一个重要的原则就是，问题涉及的当事人必须参与问题解决。无论是使用纸质的 A3 报告还是其他形式的 A3 报告，解决问题的方法不变，现地现物的思想不变。

将 A3 报告编号，形成一个清单，包括解决的问题、涉及文件更改、取得的效果、行动计划是否关闭、收益情况等，见表 6-10。

有的 A3 报告可能需要长期持续不断地进行改进，比如上面提到的准时交货问题，第一次的 A3 报告仅仅解决问题的大约 35%，初期的目标达到了，但是后续对于潜在原因还要继续进行改善，也可能还有其他新的潜在原因的变化。

表 6-10　BB-A 价值流 A3 报告

HG 公司问题解决 A3 报告编号：XX-XX-XX-01

日期：XX. XX. XX

批准：FQ

---

1. 定义和描述问题

　　根据客户服务部门统计的准时交货率数据，价值流一部 7 月份准时交货率为 95.7%，8 月份准时交货率为 95%，没有达到 96% 的准时交货率目标要求。8 月份总共交货行数为 1600 行，其中有 80 行没有按照给客户的承诺日期准时交货，其中因内部过程原因导致延迟交货行数为 70 行，占比 88%；因供应商原因造成零部件没有按时到货导致延迟交货行数为 10 行，占比 12%。未准时交货造成 23000 元的额外运输费用，占总运输成本的 10%

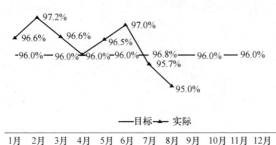

（续）

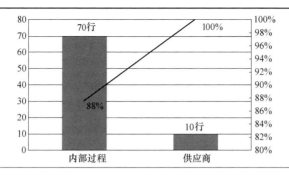

2. 了解目标和需求

　　通过 SIPOC 分析这两个过程,发现了几个需要关注的点:
- 供应商提供的零部件的检验时间较长,目前平均的检验时间为 4 天
- 组装工序经常出现缺料状况
- 只有每月准时交货率数据,无固定的日交货率统计

3. 采用团队的方法

　　组长:LX

　　组员:SH,ZZ,HY

　　活动规则:头脑风暴,知无不言,言无不尽

4. 识别潜在原因

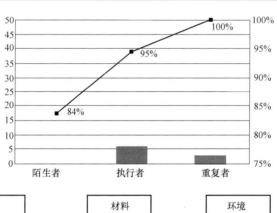

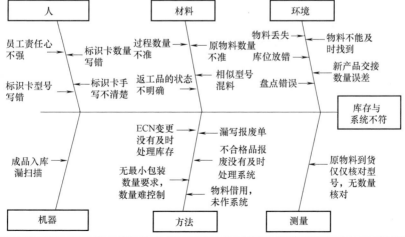

（续）

	潜在原因	影响程度	对潜在原因的初步反应
1	物料没有及时找到	9	继续 5 个 Why
2	原物料数量不准	9	继续 5 个 Why
3	返工品的状态不明确	9	继续 5 个 Why

5. 收集和分析数据

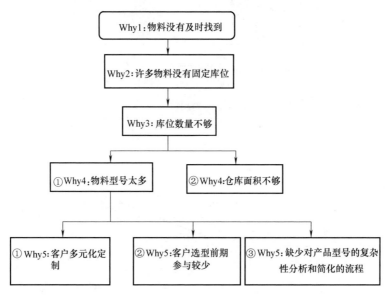

问题：物料与系统不符

　Why1：原材料数量短缺没有发现

　　Why2：进料检验仅仅核对型号，没有对数量的检验

　　　Why3：进料检验标准中没有规定对数量的检验

问题：物料与系统不符

Why1：返工品的状态不明确

　　Why2：不合格物料返工过程中系统难以识别其过程的状态

　　　Why3：缺少对不合格品数量和处理完成时间的追踪和控制

　　　　Why4：不合格品管理程序中缺少返工处理时间和数量核对的流程

6. 制定和选择解决方案
- 对当前的产品进行简化
- 对供应商的原物料进行数量控制
- 修订不合格品管理和控制程序
- 对员工流程卡的书写正确性进行培训

7. 确定行动计划

项目	任务	负责人	W24	W25	W26	W27	W28	W29	W30	W31	W32	W33	W34	W35	W36	W37	W38	W39	W40
1	对当前的产品进行简化	LX		○															
1.1	分析陌生者产品的历史销售数据	SH		○			△												
1.2	制定产品简化标准,依据标准对陌生者产品分类	SH						○				△							
1.3	修订产品目录清单,并与客户沟通	LX											○						△
2	对供应商的原物料进行数量控制	ZZ			○				△										
2.1	修订进料检验标准,将数量检验纳入质量检验标准	ZZ			○	△													
2.2	收集至少一个月的原料数量检验结果,进行分析	HY				○			△										
2.3	对目前没有标准包装的原物料进行标准化	ZZ			○			△											
3	修订不合格品管理和控制程序	ZZ			○				△										
3.1	对目前各个过程的不合格产品处理情况进行了解	ZZ			○	△													
3.2	对不合格品管理和控制程序进行初步修订	HY				○		△											
3.3	组织各部门讨论程序并最终确定和更新流程	ZZ						○	△										
4	对员工书写流程卡进行标准化和培训	LX	○		△														

○ 计划开始时间　　△ 计划完成时间　　准时 绿色（未来跟踪时可用）

● 实际开始时间　　▲ 实际完成时间　　不准时 红色（未来跟踪时可用）

（续）

8. 获得领导批准和支持
该项目的投入：
没有实物资源的投入
批准人：FQ

9. 实施方案
依据第七步行动计划实施

10. 衡量、监控和控制结果

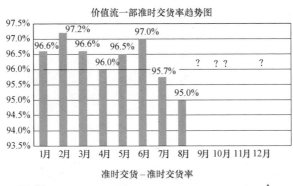

价值流一部准时交货率趋势图

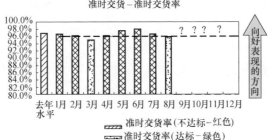

准时交货–准时交货率

准时交货率（不达标–红色）
准时交货率（达标–绿色）
准时交货率目标

对后续的准时交货率持续进行跟踪：红色代表没有达到目标，绿色代表达到目标要求。

培养团队解决问题的能力

培养问题解决的能力决非朝夕之功，需要花时间反复训练，从领导层开始，学习使用科学的系统性问题解决方法去解决问题，改变直接跳到问题结论上面的惯性思维。

1. 确实改变对待问题的态度

虽然人们经常说"问题就是机会"，但是当问题真正发生时，绝大多数的人并不认为是机会，而仅仅看到问题本身。甚至更多时候，大家并不是讨论如何解决问题，而是很快把问题发生的原因归咎于某个人。所以，面对问题的态度很重要。问题的出现使我们看到不增值的部分，从而使流程更加优化，过程更加受控，结果更加完美。许多人不愿面对问题，采取回避的做法，但是由于问题没有得到解决，造成的后果越来越严重。好的结果不是自然发生的，一定是经过努力取得的。

2. 坚持使用问题解决的方法

在前面谈到选择问题的原则，把优势资源运用到最增值的地方，同时还有一个重要原则就是善于在现场发现问题，及时解决问题。现场永远是管理者解决问题最大和最重要的舞台，管理者要学会在现场观察和收集第一手资料，这就是为什么丰田公司把"现地现物"作为精益管理模式基本原则的原因。管理者要以身作则，在现场解决问题的同时，也培养了下属处理问题的能力。

3. 建立问题解决的培训机制

把解决问题的方法形成一套完整的培训教材，最好所有人员都能够接受问题解决技能的培训。当然，对于不同层级的人员，要求掌握的标准和内容有所不同。比如对于一般员工，要了解什么是变异和波动、造成波动的5M1E因素等，而对于工程师以及管理人员则要掌握更多与问题解决相关联的技能和技巧，包括许多质量工具、精益工具，需要持续学习才能熟练掌握。

4. 把问题解决作为工作技能要求

把解决问题的能力作为对管理者乃至基层员工的一项基本技能要求，逐级形成一个从上至下都善于解决问题的团队，从而确保决策符合运营目标。

5. 将问题解决扩展到非生产价值流领域

使用A3报告解决问题，绝不是价值流部门、质量部门、供应链等部门的专利，同时要扩展到人力资源、财务、行政以及IT等每一个部门。比如员工的离职率超过预定的控制限、净利润低于目标值、非生产性用品的消耗超过季度预算等问题都可以触发A3报告，进行问题解决。

6. 培养问题解决的正确思维和习惯

前面反复提到要正确对待问题，培养问题解决的正确思维和习惯。下面的问题清单可以作为检查表帮助团队进行自我评估，了解团队在问题解决方面的实际状况。

1）解决问题时，在现场花费的时间比在办公室花费的时间多吗？

2）解决问题时，使用了结构性的系统方法了吗？

3）解决问题时，是组成团队通过面对面的头脑风暴法来找到根本原因吗？

4）团队解决问题时，不是领导层来决定问题解决方案，而是邀请了最接近问题的人员一起讨论解决吗？

5）解决问题时，使用了5个为什么来刨根问底，而不是直接跳到结论上吗？

6）出现问题时，没有首先把原因归咎于人吗？

7）解决问题时，对成本进行分析了吗？

8）解决问题后，进行标准化了吗？

9）解决问题后，有持续的追踪和验证吗？

10）解决问题后，有给予团队鼓励和表扬吗？

以上 10 个问题，如果其中 9 ~ 10 个问题的回答为"是"的话，那就说明团队形成了问题解决的正确思维和习惯；如果回答"是"的个数小于 6 个的话，那么说明团队还没有形成问题解决的正确思维和习惯，需要持续努力。

最后，特别需要说明的是，问题解决方法是一个具有强烈逻辑关系的结构性系统方法，不仅可以用来解决问题，而且也可以把它当作目标达成的计划方法，同样使用 A3 报告的方式把它呈现出来。这些系统的步骤可以帮助你进行完整和全面的思考，这就需要你反复训练和实践。本章的案例只是一个初步的示范，你需要尽量将之扩展到工作的其他领域，比如把"提高两倍销售额"的突破性目标使用 A3 报告进行认真策划和展开。

本章小结

当组织的绩效不能达到目标的时候，就需要进行问题解决。但是，并不是所有的问题都需要触发 A3 报告，这就需要确定一个触发 A3 报告的机制和标准，目的是解决问题，使目标的实现处于"受控"状态。问题解决的方法必须是科学和系统性的，避免"立刻跳到结论上去"这种思维习惯。问题解决的十步法包括：①定义和描述问题；②了解目标和需求；③采用团队合作的方法；④识别潜在原因；⑤收集和分析数据；⑥制定和选择解决方案；⑦确定行动计划；⑧获得领导批准；⑨实施方案；⑩衡量、监控和控制结果。

扩展思考

阅读完本章的内容，请仔细思考以下问题，并建议你在空白页写下你的答案：

1. 你是如何看待出现的问题的？

2. 你是否制定了触发 A3 报告的机制？

3. 你是如何培养团队解决问题的能力的？

4. 你还有哪些体会？

5. 你将如何行动？

年度绩效考核的故事——
从组织绩效到员工绩效

　　HG 公司在推行精益生产之前就建立了员工绩效管理系统，但那个时候实施该系统的目的是为了对员工进行考核，缺少与企业整体绩效的关联性以及对员工成长的关注，为了了解具体的情况，先来听两个故事。

　　故事一：实施精益战略和绩效管理之前

　　时间过得飞快，转眼间一年过去了，总经理王希望把吕新叫到自己的办公室。

　　"过去一年公司的整体业绩我已经和大家做了沟通，你去年的绩效评估结果是'达标'，你有什么问题吗？"

　　"根据设定的 KPI 指标的完成情况，我的得分属于达标水平，但我感觉去年在个人技能方面还是提高了不少。"

　　"似乎在最后的指标上没有体现啊。"

　　"有几个 KPI 与公司整体业绩相关联，在这方面还需要大家一起努力……"

　　"好，那就让我们从明年的计划开始吧，这也是我今天叫你来的目的，抓紧制定明年的工作目标。"

　　"哦，了解了。那么，我依据什么制定下一年度的工作目标呢？"

　　"明年公司的主要指标已经发邮件给各个部门经理了，根据这个计划，好好考虑一下你们部门明年的工作目标和计划吧。"

　　"好的，知道了。"

　　回到自己的办公室，吕新看到了总经理发来的邮件，附件就是刚才总经理提到的公司年度运营目标计划书，其中包括了安全、销售额、销售利润率、质量水平、准时交货、库存周转天数等大约 10 个左右的项目。

　　当然，吕新没有照搬总经理的全部指标项目，他根据自己过去的经验进行了筛选，把那些他认为和自己部门没有关系的指标删掉了，留下了几个关键的指标，同时也增加了几个自己认为必要的其他指标。

　　● 安全：严重安全事故数为 0；

- 客户退货率 PPM 为 982；
- 不良品报废率：<2%；
- 生产部 ISO 9000 外审不合格项少于 5 个；
- 产量完成率：实际完成产量与计划产量之比大于 98%；
- 降低生产费用（水费、电费、维修设备的配件等费用）：比上年度节约 1%；
- 准时交货率：>95%；
- 库存周转天数：<55 天；
- 人均年产值：>130 万元/年；
- 精益评估分数：>3 分。

在上面的指标中，安全、客户退货率 PPM、准时交货率、库存周转天数、人均产值以及精益评估分数这几个指标项目与总经理的一致，其余的项目则是吕新自己根据部门的职责和个人的经验以及理解加上去的。

决定了指标项目后，吕新按照总经理提供的格式，以月为单位对指标进行了分解，然后形成了一份完整的生产部门指标计划，吕新认真地检查了几遍之后，自己感觉很满意。在发给总经理之前，吕新觉得还是应该再准备一些资料，重点说说这一年来工作中付出的辛苦以及个人技能方面的提高……

几天之后，王希望告诉吕新说，他制定的部门指标计划基本过关，在某些地方稍作微调就可以了，关于工作总结也只是简单地提了提，象征性地表扬了吕新几句，然后很快结束了他们的对话。

吕新感觉有点失落……

故事二：实施精益战略和绩效管理之后

总经理王希望在年底前的最后一个季度，就组织各个部门对公司愿景、战略以及 3~5 年的突破性目标进行了回顾，确定了公司整体的经营指标，也包括按照精益战略策划和部署所确定的关键年度目标。因为各部门经理都参与了整个目标制定的过程，所以大家也都非常清楚自己部门的工作重点，部门经理们早早就开始上报明年自己部门的工作目标和任务。

这天，王希望和吕新又开始谈话，讨论关于绩效方面的内容，与去年不同的是，这次谈话的地点不是在办公室，而是在会客室，并且王总还亲自给吕新倒了一杯咖啡，因此气氛一下子就轻松了很多，下面是王希望和吕新的对话。

"你是 2007 年加入的公司，已经 10 年多了啊！"

"就是，时间过得很快，刚刚还拿了公司 10 年员工奖励。"

"嗯，不错，对公司做了很多贡献。"

"自己也成长了很多，尤其是公司推行精益以来，不仅是在生产管理方面，而且对公司整体运营有了一个比较清晰的概念，对公司的愿景有了更多理解，对自己的发展也有了明确的方向。"

"好，那我们谈谈去年你们部门的绩效表现吧。"

……

在轻松的气氛中结束了去年绩效指标的回顾后，王总又和吕新开始了对价值流部门明年目标的讨论。

"我看到了你发的绩效指标计划，和去年差不多，只是数据改了一下，不能照搬过去的内容了，需要进行一些修改。"王希望说。

"您的建议是？"吕新问。

"按照我们的年度绩效会议的精神，指标应该包含经营指标、年度关键目标和其他重点目标等三个部分"，王总接着说，"所以，你要把销售额和销售利润率加上，ISO 9000的审核不合格项个数以及降低生产费用这两项属于基础业务项去掉。"。

"王总，我们是生产部门，销售我们说了可不算，为什么要加这个指标呢？还有销售利润率，产品的价格也不是生产部门决定的，我们怎么控制销售利润率呢？"吕新不解地问。

"刚才还说自己对公司的整体运营有了解，看来还需要从更高层面提高自己的认识，没有销售就没有生产，更谈不上利润，所以销售额指标和每个部门都有关系，目的是提醒大家对市场和客户的关注；关于销售利润率，虽然价格不是生产部门决定，但是其中的生产成本却与生产部门有很大关系，比如生产效率、物料消耗、不合格品等。这就是为什么把降低生产费用这个指标换成了销售利润率，后者涵盖的范围更大，包含的要素更多。"王希望解释道。

"好，我完全理解了，那就按照您说的执行。"

……

在前几章中我们介绍了应用精益战略策划和部署的方法来管理企业目标设计和实现的过程，这个过程首先是一个组织绩效管理的过程，其次是员工绩效管理的过程，因为在设定了组织的愿景和战略目标后，一定要将组织的绩效传递给员工，而员工绩效管理的目的一定是为了实现组织的目标。在情景4中我们曾谈到绩效联动系统，虽然是基于整个企业以及其基本组成单元而言的，但终究需要每个人和由此组成的团队来为此做出努力。

正如彼得德鲁克所说的："作为高效能的企业管理层必须将公司管理层的愿景和努力导入一致的方向，确定每位管理者了解公司要求达到的成果。管理者的重要职责是激励每个人在公司所确定的正确方向上齐心协力，一方面鼓励他们发挥最高的专业水准，另一方面，要把高超的专业技能当作达到企业绩效目标的手段，而不是把达到高标准当成努力的目标。"

Z 理论对精益绩效管理的启发

Z 理论，英文称为 Theory Z，它是由日本的威廉·大内（William Ouchi）在其出版的《Z 理论》一书中提出来的，它重点阐述了日本方式的管理理论，但又没有简单照搬，而是针对美国企业的特点提出了 Z 理论。

在了解 Z 理论之前，我们首先来看看威廉·大内总结的两种组织形式，一种是美国式的 A 型组织，另外一种是日本式的 J 型组织，他们的特点分别是：

A 型组织：

1）短期雇佣。

2）迅速的评价和升级，即绩效考核期短，员工得到回报快。

3）专业化的经历道路，造成员工过分局限于自己的专业，但对整个企业并不了解很多。

4）企业的国际竞争力迅速提高。

5）明确的控制。

6）个人决策过程，不利于激发员工的聪明才智和创造精神。

7）个人负责，任何事情都有明确的负责人。

8）局部关系。

J 型组织：

1）实行长期或终身雇佣制度，使员工与企业同甘苦、共命运。

2）对员工实行长期考核和逐步提升制度。

3）非专业化的经历道路，培养适应各种工作环境的多专多能人才。

4）管理过程既要运用统计报表、数字信息等清晰鲜明的控制手段，又注重对人的经验和潜能进行细致而积极的启发诱导。

5）采取集体研究的决策过程。

6）事件和工作由集体负责。

7）人们树立牢固的整体观念，员工之间平等相待，每个人对事物均可作出判断，并能独立工作，以自我指挥代替等级指挥。

由于美国和日本文化的不同，导致了 A 型和 J 型这两种不同的组织，如果想要学习日本企业的文化和方法，美国企业（当然不限于美国企业）就需要根据自身的特点，形成 Z 型的组织，而 Z 理论就是对 Z 型组织的概括，其中涉及许多关于组织和员工绩效的内容，包括：

1）员工要接受的组织价值、组织目标以及组织观念。

2）企业的领导者和各级管理人员共同研讨制定新的管理战略，明确大家所期望的管理宗旨。

3）制定一种合理的长期考核和提升的制度。

4）经常轮换工作，以培养人的多种才能，扩大雇员的职业发展道路。

5）找出可以让基层雇员参与的领域，实行参与管理。

6）建立员工个人和组织的全面整体关系。

上面谈到的 Z 理论，在丰田公司得到了深入和普遍的应用，不过在精益生产模式形成的过程中，或许并没有得到 Z 理论的指导，但是丰田文化中又处处表现出 Z 理论所描述的特征。通过对战略策划和部署，使公司愿景、战略以及组织的价值观得以传递到各个层级以及员工，并通过应用精益工具，消除浪费，最大程度增加价值，从而实现组织的绩效。

在实现组织绩效的过程，一定离不开对员工绩效的评价，从而使其为组织做出更大的贡献。不过在丰田公司并不叫绩效评价，而是称作个人发展计划，这样做是为了不让员工产生被监督的感觉，体现丰田尊重员工的文化。正如上面所谈到的 Z 理论，它是建立在日本管理基础之上又结合美国企业特点而产生的，作为中国的企业，也一定不能完全照搬丰田的管理模式，应该结合中国文化和企业特点，形成自己的管理特点，或许应该是 C（China）理论吧！

精益员工绩效管理系统

精益员工绩效管理是一个用来设定员工目标和为组织取得贡献的管理过程，它一方面是为了实现组织的业务目标，另一方面帮助员工制定发展计划，提高技能，增加员工的满意度和提升机会。

精益员工绩效管理系统是建立在尊重人性，持续改进的文化基础之上，紧紧围绕企业目标，结合对员工能力的发展性因素，以达成科学评价并强调和引导员工关注个人贡献和成长的意识与行为，最终提升企业的业绩。精益员工绩效管理系统坚持四个基本的导向：

1）理论导向。丰田公司应用了很多关于绩效管理的理论，内部激励理论包括马斯洛的需求层次理论和赫兹伯格的双因素理论；外部激励理论包括泰勒的科学管理、行为修正、目标设定等。这些理论对绩效管理都有着重要的指导意义，企业需要立足本公司实际情况，认真学习和加以运用，建立适合企业的绩效管理理论。

2）整体导向。绩效管理必须基于公司战略目标，确保个人指标与公司整体指标的一致性，组织绩效和个人绩效的一致性，否则就是无源之水，无本之木。

3）发展导向。将员工发展纳入绩效考核整体考虑，从组织内驱因素，关注推动组织绩效表现的影响因素。

4）实用导向。绩效管理必须是一个完整螺旋形闭循环，需要在实施过程中不断调整和完善，需要建立各个环节的操作细则，包括评估、反馈、培训和发展计划等各个方面。

在 HG 公司，大家把对员工的绩效评价称为精益员工绩效管理系统，这样做既考虑了企业本身的习惯和特点，同时也结合精益理念的要求，精益员工绩效管理系统的主要目的和作用是：

1）帮助建立与公司、部门和团队一致的目标，最终实现组织绩效。

2）评估员工对整个部门和公司所做出的贡献。

3）确立个人发展目标，制定个人发展计划，提高个人技能。

4）使员工得到更好的发展和承担更多责任。

5）沟通的基础。

6）科学评估，利润共享，合理激励的基础。

HG 公司的精益员工绩效管理系统由两个部分组成：一部分是精益战略相联系的关键绩效指标，通常所说的 KPI；另一部分是员工业务技能要求，即实现关键绩效需要具备的管理软技能。

1. 建立员工绩效指标

1）员工绩效指标的设定必须是建立在公司的业务目标基础之上的。员工绩效指标首先来源于对日常基础业务持续改善的方面；其次，精益战略部署确定的突破性目标也会成为其中的组成部分，但并不是所有的战略部署都应该包含在其中，比如对于一个设计工程师而言，库存天数的突破性目标可能就无须设定为他的个人目标。

2）与你团队的负责人一起讨论你的绩效目标。与你团队的负责人一起讨论你的绩效目标，目的不是为了监督你的执行，而是能够获得负责人对你的支持，你也可以告诉你的想法和所需要的资源。

3）把目标视为你对组织的贡献承诺，并为了实现目标而持续改进。目标要符合 SMART 原则。再次强调 SMART 原则是指：具体的、可测量的、可达到的、相关的和时间限制的。对于非生产型的部门，可能会涉及一些难以用数字来量化其结果的指标，建议你可以使用时间或者完成比例来进行描述。

4）对于精益战略部署的目标所展开的项目性工作，也可以使用情景 3 中谈到的 KPP 方式进行管理，不作为员工绩效指标。

我们来看一下 HG 公司的精益员工绩效指标。

① 绩效指标计划见表 7-1，绩效指标计划包含了企业经营指标、重点核心运营指标以及战略部署的重点关注指标，按照季度进行跟踪，以实现对结果和过程的关注，设定的项目控制在 3~10 个。指标的分类也可以按照平衡记分卡的方式进行分解，即市场和客户、财务、内部流程以及员工的学习与成长，然后加上其他重点的工作指标。

表 7-1　员工绩效指标计划

员工：	部门：	职位：	日期：									
指标类型	目标 （SMART 原则）	目标 权重	第一 季度	得分	第二 季度	得分	第三 季度	得分	第四 季度	得分
经营指标	价值流一部年度销售额达到××	20%								
	价值流一部利润额达到××	10%								
核心运营指标	有损失工时的事故为"零"	10%								
	准时交货率达到>96%	10%								
	客户退货 PPM 小于 100	10%								
	人均年销售产值达到××	10%								
	库存天数小于××天	10%								
重点关注指标	开展快速换型、标准化作业，价值流整体效率提高 30%	10%								
	建立快速加工单元，将新产品生产前置期从 30 天降到 10 天	10%								

② 绩效指标评分标准。对指标完成的程度进行定义，明确不同绩效结果的得分标准，这样有据可依，保证得分的科学性和公平性。比如，对于销售额，制定的评分标准见表 7-2，以此类推，对其他项目也确定得分的标准。

表 7-2　员工绩效评分标准

SMART 的目标	分数范围			
	100 分	80 分	60 分	50 分
价值流年度销售额达到××	销售额≥1.1 倍计划	销售额 =（1.05~1.1）倍计划	销售额 =（1~1.05）倍计划	销售额<计划

这样，每个季度就可以通过表 7-1 对各项指标进行评分：首先依据绩效完成情况得到每项的分数，填到"季度"一栏，再乘以权重，将结果填写到"得分"一栏，然后将该栏各项分数相加，得到最后的季度总分。然后依据总分，就可以判定该季度的最终绩效结果，其判定标准见表 7-3。

表 7-3　员工绩效季度评分标准

考核等级	优秀 A	良好 B	合格 C	待改进 D
考核分数	90 分及以上	80 分~<90 分	60 分~<80	60 分以下
通常的比例	10%	20%	60%	10%

③ 对绩效结果进行跟踪。虽然通过上面的几个表格可以获得每个季度员工绩效结果的分数，但仍然需要对绩效的月度状况进行跟踪，见表 7-4，并用红色、绿色来显示指标的完成情况，及时进行关注并及时纠偏和改进。

表 7-4　员工绩效跟踪表

指标类型	目标（SMART 原则）	去年绩效	2018	1月	2月	3月	4月	5月	6月	7月	8月	9月	10月	11月	12月	补充说明
经营指标	价值流一部年度销售额达到××		计划													
			实际													
	价值流一部利润额达到××		计划													
			实际													
核心运营指标	有损失工时的事故为"零"		计划													
			实际													
	准时交货率达到>96%		计划													
			实际													
	客户退货PPM 在小于 100		计划													
			实际													
	人均年销售产值达到××		计划													
			实际													
	库存天数少于××天		计划													
			实际													
重点关注指标	开展快速换型、标准化作业，价值流整体效率提高30%		计划													
			实际													
	建立快速加工单元，将新产品生产前置期从 30 天降到 10 天		计划													
			实际													

注：使用该表格时，可以用绿色表示达标，用红色表示未达标。

尽管我们并不希望以分数的方式将员工进行分类，但是，作为企业来讲，需要让员工了解公司的目标，并期望员工为完成企业的目标贡献自己的力量，通过这种量化的评估方式，可以了解员工的贡献程度，以及明确努力方向（我们也希望在未来可以实现"去 KPI"的管理模式）。尤其对于中国的本土企业，与日本的文化不同，因此不能完全照搬丰田公司的做法，需要结合中国传统的文化和企业的实际情况，以尊重人性为前提，来确定符合自身特点的精益员工绩效评估方法。最重要的是，必须让员工认同企业的愿景和价值观，在以达成企业目标的前提条件下，才能实现自身价值的提升和发展。

2. 员工业务技能要求

员工绩效指标是以结果为导向的，这只是精益员工绩效管理的一方面，还需要对员工业务、岗位以及实现绩效结果所具备的技能进行关注。首先，员工可以对照这些技能要求，找出自己需要提高的方面；其次，主管和员工一起进行定期的评价，帮助员工更加全面了解自己的不足，共同确定员工提升方向。

参考MTP[⊖]的员工技能标准见表7-5。

表 7-5 员工业务技能表

类别	业务技能	技能要求	评估说明	表现卓越 5	超过达标 4	满足要求 3	有待提高 2
思考力	1. 计划能力	按照 PDCA 循环的方法，工作有计划有组织地进行，解决问题的时候，也能够提出多种方案，并进行优先选择 例：对工作有清楚的计划，明确工作重点					
	2. 创造力	突破固有思维，通过寻求和获得资源来实现在产品和过程方面的创新，提升绩效。包括：创造一种鼓励创新和精益思考的氛围、具有突破性方法的应用、技术革新、流程改善等各个方面 例：经常思考新的方法来改善目前的工作方法和流程					
	3. 问题发现的能力	清楚了解战略、流程等的要求，发现目前状态与目标的差距，并努力解决 例：对照目标，说明哪里有问题，应该如何加以解决					
行动力	4. 结果导向	对团队和个人的目标具有强烈的达成意愿，通过目标的自我设定、积极和热情的行动力、专注力以及带领他人一起行动的推动力 例如：并非只是被动执行，而是主动设定挑战性目标，并和他人一起积极行动					
团队合作力	5. 沟通	掌握沟通技巧，能够主动聆听别人的意见 能够清楚表达意见，无论是使用口头还是书面的方式 例：有很好的倾听能力，同理心，可以与对方达成一致，取得良好的沟通效果					
	6. 人际关系	有良好的团队协作能力，对不同意见可以站在对方的立场上进行思考，解决冲突，展现良好的合作精神。在员工问题处理上，按照 JR 的方法，尊重员工，提高员工的工作积极性 例如：和团队一起进行精益改善活动，达成目标，取得成果					
	7. 问题解决能力	掌握结构性的问题解决方法，懂得如何获得支持以及判断合理投入，最终解决工作中遇到的问题 例：对目标未达成的状况，主动使用 A3 报告进行解决					

⊖ MTP，Management training program，是指管理技能训练教程，起源于美国，20 世纪 50 年代被引入日本，受到日本产业界的广泛关注，1998 年 MTP 开始进入中国。

（续）

类别	业务技能	技能要求	评估说明	表现卓越	超过达标	满足要求	有待提高
				5	4	3	2
自我成熟的相关能力	8. 诚信	理解公司的愿景,按照公司的价值观为指导进行工作,诚实守信,实事求是,真实报告工作中的实际结果 例:在工作中表现出良好的商业道德和专业水平					
	9. 抗压能力	能够适应变化,在压力和问题面前有提前的准备和积极反应,始终保持乐观向上的精神 例:把问题当作改善和成长的机会,最终取得良好的绩效和获得技能提升					
	10. 持续学习的能力	带领团队持续学习,不断挑战,适应新环境,掌握新方法,不断提高团队绩效和个人能力 例:可以迅速掌握新的技术、工艺、方法,取得杰出的效果					
影响力	11. 战略策划能力	理解组织的愿景、战略规划的目的和意义,通过制定长期和短期目标保持与组织方向的一致 例:能够清楚说明工作的重点,提前计划,并且在实施的过程中努力解决存在的问题					
	12. 发展他人的能力	合理评估员工绩效,帮助员工制定个人发展计划,与员工是老师、教练和引导者的关系,对下属进行培训、训练和引导,及时反馈员工工作中的优点和不足,帮助员工不断成长,实现组织绩效 例:能够发掘员工潜力,培养员工					
	13. 领导变革的能力	是变革的倡导者和引领者,重视领导力和影响力,是精益体系的推行者、实践者,设定挑战性目标,带领和参与团队行改善活动,持续提高组织绩效 例:积极参与精益改善活动,是精益生产的践行者和有力推动者					
	14. 对风险的分析和控制能力	对外部的环境变化有敏锐的感知力,对内部的管理优劣有良好的判断,有能力评估可能遇到的风险,并选择有利于规避风险的方案,对可能发生的情况,随时做出应对措施 例:对供应链中单一供应商的风险进行考虑,并采取有效方案					

员工业务技能表中的 1~10 项是一般职场员工需具备的技能,作为领导者除了要具备 1~10 的技能以外,还需具备 11~14 项的技能。这里补充一点:作为领导者,要根据团队的成熟状况,随时调整自己作为老师、教练以及引导者的角色,比如对于不成熟的团队,领导可能更多地充当老师和教练的角色,而对于成熟的团

队，领导更多地要扮演引导者的角色，这都是领导者要学习的功课。关于精益领导力，在情景 8 中会进行详细的说明。

员工技能评估虽然列出了 2、3、4、5 几个评分标准，主要目的是为了方便记录员工在某个技能方面的强项和弱项，无论是强项还是弱项，最好有具体的案例说明，以此防止感性的判断，对于弱项部分就是对员工未来培训和改进的依据。

3. 如何利用精益员工绩效管理系统

精益员工绩效管理系统，首先是员工的个人发展计划，其次是对员工绩效结果的评价和反馈，这个过程同样是一个遵循 PDCA 的管理过程。

1）按照公司战略计划和部门的职责要求，确定清晰的、具体的和可测量的员工年度目标，这些目标形成了员工工作的努力方向，并且作为年度绩效评价结果和过程管理依据。

2）在日常的工作中，主管需要给员工及时反馈，并负责提供实现结果的资源、培训、训练及指导。

3）完成这些结果的方法，不只是设定目标，需要同时设定有挑战性的项目以支持目标的实现。

4）主管与员工要有至少两次（季度最佳）的面对面沟通，年中沟通的目的是为了了解员工的年度绩效目标、发展方向，确保目前的工作与公司业务发展及精益战略部署的方向一致。

5）主管与员工沟通的时候，要帮助员工找出优点和需改善之处。

6）当员工表现优异的时候，作为员工升职加薪的依据。

4. 员工的个人发展计划（Talent Review）

通过对员工个人绩效和技能的评价以及主管和个人之间的沟通互动，员工的个人发展计划非常清晰了，接下来的工作就是如何制定一个具有可操作性的员工个人发展计划，这个计划主要包括员工技能提高和个人未来发展两方面的内容。

要提高员工的技能，离不开对员工的培训，而培训的输入则来源于员工承担的岗位（正常岗位或者临时组成的项目团队等）职责确定的需求和员工技能之间的差距，如图 7-1 所示。而在许多公司里，很多时候员工把培训当成福利，这显然是不对的，缺少需求分析的培训显然是很大的浪费。

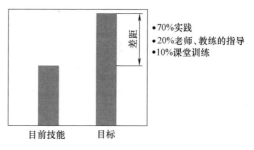

- 70%实践
- 20%老师、教练的指导
- 10%课堂训练

图 7-1　员工技能提高途径

这里所说的培训，是广义的培训，内容包括正式的课堂培训、他人的指导训练、参与团队活动和主导项目活动的实践练习等多种方式。对于员工技能的提高，约 10% 是来自于正式的课堂培训，20% 来自于老师、教练的指导，70% 则是从个人实践中获得的。也就是说，技能和知识是来源于个人实践，而非停留在听和说的层面，如图 7-2 所示，这可能就是为什么丰田公司强调现地现物的原因之一吧。

图 7-2　员工培训和发展计划

　　每年度结束的时候，输出一份员工绩效评估表，内容包括指标完成情况、技能评估结果，以及培训需求，见表 7-6。然后和员工进行充分的面对面的沟通，正如前面已经谈到过的，主管所扮演的角色不是监督者的角色，而是作为员工的引导者、老师和教练，帮助员工找到工作的目标以及个人的发展方向。

表 7-6　员工绩效评估表

员工：	部门：	职位：	日期：

优势：

1.

2.

3.

需改善：

1.

2.

3.

培训计划：

1.

2.

3.

员工总体评价：

员工确认：

主管确认：

　　上面谈到的是员工在当前职位上技能的提升，而对于员工未来发展方面的计划，同样需要进行合理的管理和策划。首先一个能够获得提升的人，必须是认可企业价值观，认同企业使命和愿景，依照企业精益战略部署并熟练使用精益方法和工具来不断改善达成目标的人。如此，既需要个人的努力，又需要企业进行长期不断的培育、引导以及发掘。

精益绩效管理中员工职位提升的流程：

1）岗位的职业上升通道设计。比如在技术岗位上设有初级工程师、中级工程师、高级工程师；管理岗位上有：单元长、组长、主管、经理、厂长、事业部经理、总经理等。

2）从年度绩效结果和技能评价中识别具备潜力的员工。

3）对具备潜力的员工进行年度的潜在人才分析。完成潜在人才分析之后，需要输出员工培训计划，见表7-7，为将来可能的提升进行未来的准备，培训的原则同样遵守10%/20%/70%原则。

4）有空缺岗位，优先从内部实施招聘，按照面试的流程进行，首先确保员工有自我提升的意愿，其次参考之前的绩效评价和潜力员工培养实施情况。

5）获得职位后的持续培训计划。员工一旦获得新的职位，同样需要按照岗位的设置要求，对员工进行持续的培训。

表7-7　员工发展计划输出表

员工：	日期：
工作背景： 入职日期： 部门： 职位： 绩效评估历史： 1. 2. 3.	员工职位发展方向： 1. 2. 3. 将来潜在发展方向： 1. 2. 3.
员工优点： 1. 2. 3.	员工需改进点： 1. 2. 3.

员工发展计划：

员工培养计划：(10%/20%/70%原则)

其他说明：

工作关系处理 （TWI）

传统的绩效管理被认为是绩效考核，按照月度、季度、年度方式，给员工打分，然后与奖金挂钩，对员工的管理虽然有一定的促进作用，但是缺少对过程的管理。而精益员工绩效管理不仅关注员工的阶段性表现，也关注员工日常的绩效表现，因为这是实现阶段性目标的基础。

TWI[⊖]作为精益生产方式的坚实基础，其中，JR（Job Relations）的内容就是建立在尊重人性的基础之上，为主管提供正确处理人际关系的方法，从而充分发挥员工的能力，保证员工日常的绩效。虽然 TWI 是针对现场主管工作技能训练的方法，但工作关系对所有管理者都有很好的启发，因为每个管理者都需要通过部属来实现目标。

工作关系（JR）包括两个部分，一部分是工作中人际关系的建立，另外一部分是现场员工问题的处理，工作关系（JR）对于建立良好人际关系的基本要诀有：

1）要清楚告诉部属工作的情形，不仅让部属知道如何去做，而且知道如何才可以做得更好。

2）对下属要及时表扬，善于发现部属的优秀表现，并及时给予肯定，如此激发部属的干劲。记住：赞美是最大的驱动力。

3）如果有变动，要及时通知部属，说明变动的原因，使其可以接受和理解。

4）充分发挥部属的能力。要善于挖掘部属的潜在能力，当部属有发展机会的时候，绝不妨碍部属的发展前途。

工作关系中员工的问题主要是指职场中主管所必须解决的那些影响到员工工作的问题。比如员工积极性不高，不遵守公司的规章制度、工作纪律差以及无故离岗等问题，这些问题如果不及时解决，就会影响到员工乃至于团队的绩效，工作关系（JR）对于处理现场员工的问题步骤是：

1）掌握事实。如果发现员工存在问题，需要调查了解事情的全部经过以及相关的规则和惯例，并与有关人员沟通，了解其想法和心情。

2）慎思决定。整理事实，分析事实的相互关系，考虑可能采取的措施，确认有关的方针，并确认如此的处理决定对其他人和整个团队的影响程度。

3）采取措施。措施是自己决定，还是需要别人协助或者报告上级，并决定采取措施的时机。

4）确认结果。这个过程主要是确认采取的措施是否有效，并且要依据合适的

⊖ TWI：Training Within Industry，企业现场管理技能训练教程，起源于日本，1949 年被导入日本后，受到普遍欢迎，成为丰田精益生产方式的坚实基础，包括工作指导、工作改善、工作关系、工作安全四个部分。

时机和检查的次数确认效果，重点关注是否对工作起到了积极的作用。

依照 TWI 中工作关系（JR）中建议的问题处理步骤，当遇到员工在工作中出现问题的时候，不是简单地对照公司的员工管理手册进行处理，而是需要认真仔细地进行分析和处理，这就是为什么丰田公司在处理员工问题的时候非常慎重和小心，再次表明丰田公司对人性的尊重。当员工确实违反公司规章制度的时候，并不是不处理，而是需要按照科学的方法进行处理，如果处理得当，就会达到意想不到的效果。总之，尊重员工是尊重员工的贡献，也正因为如此，我们需要学会用"心"来管理员工。

回想一下，到目前为止，HG 公司经历了重要的两个阶段：第一个阶段是导入精益生产的阶段，主要是应用多种精益工具进行现场改善，对传统生产方式进行颠覆的一个过程，在这个过程中，对生产部门给予支持的辅助部门（如采购部、设备部以及技术部等）也参与到其中，对相应的工作流程进行了不同程度的调整和改变，主题是围绕运营管理进行的改善活动。在这个阶段，因为属于初始变革，主要是以强制推动为主，谈不上文化的搭建；第二个阶段是应用精益战略策划和部署以及绩效管理的方法，使企业从局部改善向精益系统以及精益文化发展的阶段。在这个阶段当中，通过精益战略策划和部署使企业在经营和未来发展上有了明晰的目标和方向，再通过精益员工绩效管理的方法，将组织绩效传递到员工，员工清楚了解自己如何提高技能，从而提高对企业的贡献，也了解到自己的职业发展方向等。

对比两个阶段，公司有了重大的改变，其中很重要的一点就是领导对待员工的态度发生了很大的转变。过去公司以惩罚为主，一旦出现质量不达标、产量未达成等问题，大家的第一感觉就是又要受到批评了，再严重一点，弄不好就要给个书面处罚，HG 公司的处罚分好几个级别，即使是最轻的一级也要扣发当月奖金的 20%……。但是，现在出现问题，首先通过问题解决的方法寻找潜在的原因，对症下药，即使是人的问题，也会按照 JR 的方法慎重处理……

如何分享精益的成果　◀◀◀

与精益员工绩效管理相联系的是薪酬管理，那么如何设计员工的薪酬，如何让员工分享精益的成果，这些都是非常重要的内容，因为任何关于薪酬的变化，对员工来说都是非常敏感的，这样的变化对于企业来说都是非常小心谨慎的，所以企业在进行薪酬变革的时候，都需要采取缓慢渐进的过程。对于进行精益转型的公司，在薪酬设计上可以遵循以下几个原则：

1）对于基层的操作员工来讲，必须从计件工资向计时工资转变，因为计件工资对于质量的损害是众所周知的，同时它又是造成过量生产的制度原因，所以必须改变。

2）金钱对于员工富有效率的工作不是唯一的条件，必须为员工设定目标，并且定期反馈、评估。

3）薪酬通常包括工资和奖金，奖金的部分一定是与指标的完成情况和公司绩效强相关。

在 HG 公司，员工薪酬的设计是这样的：

● 基本工资。根据岗位和职位的设定，确定的基本工资，这部分占员工的收入的比例最高，一般占 80% 左右。

● 绩效奖金。与工厂的关键运营指标有关，比如工厂或者部门完成了安全、质量、准时交货、效率、库存等核心运营绩效的目标，就可以获得绩效奖金，这部分收入占员工总收入的比例为 10% 左右。

● 公司绩效奖金。公司绩效奖金是根据公司的整体绩效表现而决定，重点关注公司的销售和利润情况，意义在于让员工共享公司利润成果。这部分收入占员工总收入的比例为 10% 左右，具体的做法是：

员工年度总奖金 = 年工资额×净资产回报率

净资产回报率 = 净利润÷净资产

然后把奖金分成四个季度，因为每个季度的净利润率与实际年度的净利润率会有差异，所以通常可以把前三个季度的奖金留存一定的比例，然后到第四个季度再进行差额补偿的方法一并发放，这样既起到了激励员工，又表明对整体利益的关注度。

当然，不同公司可以有不同的奖金激励方法，员工年总奖金可以是上面基础计算奖金的两倍或者几倍；发放的时间采取季度、半年度或者年度都是可以的，关键是让员工感受到奖金是与公司的整体利润相挂钩的。另外，特别重要的是，要尽量将成绩归功于整个团队，而非个人。

绩效考核中的浪费

在精益生产中，其核心是消除浪费，浪费是指一切不增值的活动。在绩效管理中，其目的同样是通过对员工绩效的管理，最大程度地增加价值。为了做到价值的最大化，我们来看看绩效管理中的不增值部分。

Muda（浪费）

● 与组织目标弱相关；

● 人员能力未得到发挥；

● 只是作为监督的手段而缺少与员工的沟通以及评估和反馈；

● 没有关注员工的成长；

● 过多的考核指标；

● 消极；

- 重复；
- 多层级管理；
- 沟通缺失。

Mura（不均衡）

- 工作不平衡；
- 频繁的异常处理；
- 不规范的绩效考核；
- 关注局部最优；
- 组织架构的复杂性。

Muri（超出负荷）

- 岗位设置不合理；
- 员工技能不足；
- 不充分的授权；
- 缺少标准。

到目前为止，一个完整的从组织绩效到员工绩效的绩效管理联动系统形成了，组织目标被贯穿到各个层面，就如同精益生产中的流动过程一样，信息畅通无阻，上传下达，并且通过严格和强有力的 PDCA 循环的管理方法，保证有效的执行力。因为整个绩效管理的过程不同于传统方法，通过有效的沟通机制，公司整体战略被有效传递，同时员工的意见和想法又可以及时反馈到管理层，如此形成类似生产拉动的管理系统，达到组织管理的尽善尽美。从之前消除浪费最大化增值，到流动，再到拉动，再到管理的完美，如此看来精益思想的五原则在非生产系统中也可以推而广之，管理是相通的！

本 章 小 结

精益员工绩效管理是一个用来设定员工目标和为组织贡献价值的管理过程，它一方面是为了实现企业的业务目标，另外一方面帮助员工制定发展计划，提高技能，增加员工的满意度和提升机会。精益员工绩效管理系统是建立在尊重人性，持续改进的文化基础之上，紧紧围绕企业目标，结合对员工能力的发展性因素进行科学评价，并强调和引导员工关注个人贡献和成长的意识与行为，最终提升企业的业绩。精益员工绩效管理系统坚持四个基本的导向：①理论导向；②整体导向；③发展导向；④实用导向。

扩 展 思 考

阅读完本章的内容，请仔细思考以下问题，并建议你在空白页写下你的答案：

1. 你的企业是如何设定员工绩效的?
2. 员工是否清楚了解自己的工作目标以及个人的发展计划?
3. 你的企业如何与员工分享精益的成果的?
4. 你还有哪些体会?
5. 你将如何行动?

HG公司的精益改变之路——
精益转型中的变革管理

HG 公司推行精益 3 年后……

又到了公司年度员工大会的时间，我们来看看 HG 公司的年度成绩单和大家对精益变革的感受。

王希望总经理：

"……自从推行精益以来，HG 公司经历了颠覆性的变化，公司在经营的各个方面都取得了非常好的成绩。首先，去年整体销售业绩增加了 40%，这得益于两个方面：一是重新调整成品策略，改进看板拉动系统，缩短了交货周期（Lead Time），获得了客户的满意和认同，从而订单增加；其次是按照我们的年度计划，开发了 Metro 项目所需要的新产品，增加了 20% 的销售额。还有一个重要的成绩就是我们在库存的降低上，又取得了很大的进步，库存天数从原来45 天减低到 36 天，虽然离 3~5 年突破目标的 30 天还有差距，但是成绩还是非常不错的……"

……

在详细介绍了财务、精益核心指标以及其他突破性目标的进展之后，王总接着说："这些成绩的取得，与我们精益战略的成功实施是密不可分的，过去尝试许多管理模式，现在知道精益才是适合我们的必由之路，我们在组织联动绩效系统设计、精益会计、问题解决等方面进行了更加深入和系统的提升，把精益管理模式和企业的整体绩效有机结合起来。另外，除了这些看得到的数字结果以外，更重要的是我们在员工绩效管理、技能提高、管理人员领导力提升方面也有了很大的进步，这些方面虽然看似属于软性指标，但是这恰恰是精益模式的核心所在，今后我们还需要继续推动 HG 公司文化的变革，在尊重员工前提下，建立全员参与的持续改善，让所有人动起来，形成自上而下推动和自下而上参与的合力，让精益在 HG 公司成为重要的长期战略、成为做事的方式乃至于文化，这样精益之树才可以长青……"

价值流经理：吕新

"听了王总的发言，我也感慨万千，五年的精益之路，公司在各个方面的进步和成绩有目共睹，我的体会有许多，我自己总结了三点和大家共享：一是，精益生产推行的初期，是对传统生产方式的颠覆，是一场变革，但是这个阶段的变革主要针对的还是那些看得见的方面，从生产部到价值流部门，模式变了，成绩有了，但我感觉压力大了，说实在的，总是担心被批评；然后，精益战略和绩效管理开始导入，公司从精益生产向精益模式进行了深入的转变，这是运营模式的系统转变，作为价值流经理，我从来没有像现在这样，对公司整体运营有这么深的体会，感觉自己就像是个真正的'生意人'，关心销售，关心利润，关心费用，关心员工绩效和成长，有方向感和成就感，特别好；最后一点就是，管理模式变了，领导方式变了，员工的感受就不同了，被尊重和被重视的感觉使员工工作更有劲儿，团队的合作也就更加有效果了，同时加上长效激励机制使企业更具活力。"

人力资源经理：刘芳

"接着吕新的话我也谈三点感受：第一，通过精益战略和绩效管理，将组织绩效和个人绩效有机结合，形成了一个完整的精益绩效联动管理系统，目标驱动系统和个人成长系统，KPI的选择清晰简单，一条主线贯穿整个企业绩效管理；第二，通过对持续改善团队的有效激励，团队能力不断提高，形成了很好的团队建设和改善文化；第三，对员工的管理也有了不同认识，过去是只发命令，员工执行，现在则是在尊重员工的基础上，充分调动大家的积极性，发挥其能动性。"

供应链经理：徐美丽

"通过精益战略的实施，使我更有全局观，局部优不等于整体优，供应链的改善，要考虑整体目标的达成效果，即获得真正的价值，如果用低价格换来高库存，价值就会大打折扣。"

财务经理：郭远

"一句话总结精益财务会计制度：为公司经营数据和价值流运营提供了系统有效且平衡的评价指标系统，为精益绩效改善提供正确的方向。"

领班：王志

"过去我们对精益是被动执行，现在通过参加和带领高绩效的改善团队，从对精益排斥到接受，从课堂培训到真正的理论实践，从被动到主动，我们也成了精益的现场专家，知道自己要扮演何种角色，就是对SQPCDI目标不断改善，我们也特别有成就感。"

员工代表：潘志

"去年我提出改善提案30多项，并获得了优秀改善提案最佳员工奖，我感觉非常高兴。过去上班，不想别的，只要完成基本的工作任务就可以了，但是现在不同了，要经常想想在哪里可以进行改善，所以工作起来也更加有趣和开心。"

HG公司的员工们表达着这3年来精益带给他们的变化，成绩明显，有很好的获得感，但是回顾这个过程，却实实在在是一场精益转型的变革，期间经历了许多的争论、阻力、痛苦。

最后，总经理王希望告诫大家："精益转型永远在路上，取得的成绩也只是刚刚开始，还需要继续坚持，一旦忘记了精益原则，一定会倒退，我们必须依靠全体员工，打造更加高效的团队，保持企业的永久战斗力和竞争力……"。

精益转型中的变革

精益战略和绩效管理是精益转型的必由之路，精益生产导入的初期是运营方面的变革，之后就需要从局部向系统转变，搭建全面的精益系统以及精益文化。之前章节中所提到的精益战略策划和部署、组织绩效管理系统、问题解决、精益财务以及员工绩效管理的各个层面，每个部分就是精益转型的变革过程，都需要对这些变革进行管理。

精益转型的变革过程分为颠覆性变革和持续性变革。颠覆性变革通常发生在精益转型的初期，是对传统方式的颠覆，是从上而下的推动模式，因此是剧烈的；而持续性变革是指企业在完成初步的精益转型之后，需要持续改善，不断建立精益文化的过程，这个阶段可能是温和的，却更加考验领导者的耐久力，因为虽然企业的人员已经基本适应了精益的运作方法，但这不等于要停止前进，精益如逆水行舟，不进则退，精益战略策划和部署的系统仍然会自动促使组织不断变革，不断挑战，持续改善。记住：精益变革的过程永无止境！

对于精益转型的组织，企业无论在任何阶段，比如实施3~5年度突破性目标、年度改善、日常改善等，广义上来讲都属于持续变革，都会存在着推进变革的动力和阻止变革的阻力，如图8-1所示，其中领导作为变革的最重要代表，其作用是非常关键的，因为打造何种团队，培养何种人才，领导都起着至关重要的作用。

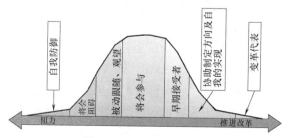

图8-1　组织的变革图谱

在这一章中，主要探讨如何通过专家型领导以及高绩效团队进行持续改善，保持变革的成果，主要的内容包括：

1）领导要成为精益专家。

2）建立高绩效团队。

3）全员参与持续改善。

4）保持持续变革的领导力。

领导要成为精益专家

企业精益转型的最初动力源泉可能来自顾客的需求，市场的需要。因为客户需要最低成本、最好质量和最好交期的产品，而精益似乎是达到这些目标行之有效的方法，但当企业收到一定短期的效果之后，就以为完成了精益转型，结果很快又倒退到了原来的水平。建立精益系统，从开始就决定了这是一个长期变革的过程，客户和市场驱动终究是外因，领导者本身的问题和危机意识，才是促使精益变革得以持续和成功的动力源泉。

有一个真实的案例：某跨国公司推行精益接近 20 年，在这期间库存水平不断下降，财务绩效表现良好，有着非常强大的现金流。但是之后为了满足客户要求，公司的策略进行了调整，又建立了大量的库存，虽然交货周期有所缩短，但是库存又大幅增加，领导层不得不重新再次考虑决策的正确性，重新回到精益的方向上去，可以看出，领导对精益的理解和坚持有多么重要！

对于精益变革，领导者不能仅仅停留在意识层面，需要率先垂范，首先成为真正的精益专家，这样才可以深入了解精益的核心思想，只靠听说而没有丰富精益实践经验的领导，是无法深入推动精益变革的。如果领导成为了精益专家，那么他才可以亲自主导改善活动，比如为期一周的"改善研习营"⊖活动，专题的高绩效改善，或者作为引导者（Facilitator）参加团队的改善活动，给予支持。

精益所涉及的工具有很多，本书的这一章节中不会——列举，只是对几个常用的方法进行说明，以帮助领导者回顾精益的一些基本工具，如果作为领导者对下面提到的精益工具仍然感觉比较陌生，说明还需要继续学习精益知识，因为这些方法都是帮助企业实施精益战略达成绩效的有效工具，你也可以参考《精益生产实践之旅》一书进行更深入的学习，并要长期坚持，加以运用。

1. 利用价值流图

价值流图是精益的基础工具，它是通过对形成产品和服务价值整个过程的信息流、物料流进行分析，识别其中的增值和不增值活动。价值流图不仅适用于生产流

⊖ 改善研习营是丰田经常使用的改善方法，通常是针对某个流程进行为期一周的改善，价值流程图分析是常用的改善工具。

程，也适用于非生产性的流程，如采购过程、新产品研发过程、报价的过程以及客户抱怨处理的流程等。

价值流图的实施步骤是：绘制当前价值流图，识别其中浪费，规划将来价值流图，制定措施以达到将来价值流图的目标，基于将来价值流图进行改善，这必须对原有模式进行变革，消除原来过程中的一切不增值活动，达到价值的最大化。

由于价值流图是动态的而非静态，需要定期更新，通常3个月进行一次更新，对比当前价值流图和未来价值流图之间的差距，消除差距的方法就是持续进行改善，这是保持变革的有效手段，使你无法停止，朝着完美的状态不断前进。

HG公司在使用价值流图一段时间以后，团队的成员认为自己对价值流图已经非常熟悉了，慢慢失去了当初对待价值流图的认真态度，每次更新价值流图的时候，团队的讨论没有那么热烈了，数据的抓取和流程的识别也缺少了现地现物的行动和观察，但是，当熟悉精益的领导者和团队一起，重新走一遍价值流的时候，发现有很多问题点并没有识别出来，即使是识别出的爆炸点，也是一些肤浅的问题，准确地说，当前价值流图太完美了。由此可见，需要熟悉精益的领导进行定期的检查和审核，这样才可以维持价值流图的有效运行。

2. 创建连续流

以尽可能的最小量在整个价值形成的过程中进行移动，这是精益生产的一个重要的原则，但是如果要想实现流动必须具备几个条件：

1）了解客户的需求并通过节拍时间表示出来，节拍时间 = 有效利用时间÷客户需求，工序的瓶颈时间和节拍时间要匹配。

2）生产线的布局要适合连续流。

3）客户需求的均衡化和生产的均衡化。

4）快速换型。

5）单点的生产计划。

如果发现生产线某个地方出现了库存或者在制品的堆积，那么一定是阻碍了流动，或者由于工序之间的不平衡，或者是信息的提早释放。领导者必须对流动的停滞非常敏感，这就需要反复实践和练习才可以培养这样的意识，否则很容易对现场熟视无睹。

另外，我们不只是重复精益生产中物料和信息的微观流动，还需要建立整个企业的宏观流，我们前几章所谈及的战略策划和部署，精益绩效管理系统，员工个人发展计划都是宏观流所涉及的部分，所有的管理信息都需要形成一个顺畅的流动过程，从而实现组织的目标，通常所说的执行力就与流动有关。

3. 拉动

优先选择流动，当流动无法实现的时候，就需要应用拉动的原则。熟悉精益生产的人都知道，拉动的时候，工序之间依靠看板的方式进行信息沟通和传递，那么这个时候必须消除对这些依靠拉动自动运行工序的计划控制，否则就会前功尽弃。

另外，当混流的时候，拉动就是一个比较复杂的问题，需要深入研究。

实现拉动的几个重要原则：

1）确定库存策略。

2）单点控制原则。

3）快速换型以减少超市库存量。

4）如果是对于供应商原材料的拉动，需要供应商了解拉动的原则，选择供应商要遵循就近原则，这样才能够使交货周期变短，超市库存减少，否则即使建立缓冲库存，也会因为各种变化造成许多问题。

5）均衡化生产。

6）采用拉动生产方式，并不等于忽略生产计划的重要性，日常生产信息需要单点控制，但仍然需要有一个基本可靠的月度甚至季度生产计划，便于提前应对。

4. 均衡化

上面提到的流动和拉动，都提到了均衡化，因为均衡化是实现流动和拉动的基础。要想实现均衡化，除了要改变批量生产的习惯以外，其他一些相关条件更加重要。比如，打折促销会造成订单的剧烈波动，客户大批量订购，销售策略的随意调整等因素都会造成生产的不均衡。这些影响均衡化的因素，大多与领导的决定有关，可见，一个深谙精益之道的领导对精益生产的正常运转是多么重要！

在《精益的转变》一书中，曾任丹纳赫集团执行总裁的作者亚特·伯恩提到了一个重要的理念，那就是在考虑如何为客户带来更多价值时，首先要调整客户永远是对的这种观念，因为客户在无意中会破坏整个价值链的过程，要学会管理客户，让客户同样学会内部的均衡化管理和均衡化下单。这个提法和观念当然是传统观念所难以理解的，因为对于大多数企业来说，大家的感觉会是：客户能给你订单就不错了，还能谈条件吗？但这就是精益对传统观念和方式的挑战。

5. 标准化作业

为每个作业者建立准确的操作程序，其内容包括三个要素：

1）满足客户的节拍时间。

2）工作要素。

3）工序间的标准库存。

标准化作业是用于：

1）为所要完成的工作建立一个程序。

2）为将来的改善建立一个基线。

3）为使用管理标准工作提供一个基线。

4）通过可重复性操作改善质量和安全业绩。

标准化作业不仅包括生产活动的标准化作业，还包括非生产活动的标准化作业，在财务中我们已经介绍过标准化作业的重要性，产品的小时费率是用成本除以工时计算的，那么一个管理人员的小时费率比起现场的员工会高出很多，所以管理人员同样要提高贡献。将管理人员的工作进行研究，将重要工作予以标准化也同样重要。

6. 目视化管理

对工具、零件、生产活动以及绩效指标等进行清晰的目视化展示，使得任何人在现场都可以立即了解生产系统的运行状态。目视化管理的重要作用就是要显示现场正常和不正常的状态，通常使用的方式有安灯（Andon）系统，用红色、绿色显示异常或正常，或用信息板或电子显示屏等来显示。

上面提到的所有工作都可以通过目视化的方式进行展示，特别是宏观信息流，通过目视化的方法可以使管理者立刻了解当前的运营状况，目视化管理简单有效，同时也可作为反映管理者管理能力的现场证据。这里要强调的是，目视化的目的必须是为暴露问题并解决问题，否则就是一种浪费，这个观念是非常重要的。

在 HG 公司，王希望就是一位专家型的总经理。在精益推行的时候，总经理王希望亲自参加培训课程，并积极参与精益改善活动，起到了重要的推动作用。在刚开始推行看板拉动的时候，许多人都怀疑看板的作用，虽然表面上实现了单点计划，但其实是装个样子，物料需求和工序生产计划还是依靠 ERP 系统和计划人员进行控制，所以过量生产和过早采购的问题并没有得到很好的改善。总经理王希望发现了这个问题以后，马上组织相关的管理人员进行讨论，他没有马上批评大家，而是把大家的担心和疑问列出来，与咨询公司的肖老师一起讨论，大家重新达成共识后再次开始按照拉动系统执行。不过这一次，按照精益的原则，简化了原有中间工序物料的出入库和 ERP 处理过程，就是大家想按照以前的方法控制都不可能了，拉动系统最后终于顺利运行了……

到目前为止，相信大家已经非常理解 PDCA 的方法了，不错，所有的精益工具，包括前面一直介绍的精益战略策划和部署，都是建立在 PDCA 循环的基础之上。战略管理的大循环加上由此展开的各项改进的小循环，使企业的管理一个台阶一个台阶地向前迈进，使管理的进步看得见，让精益转型的成果可以感受得到！

培养高绩效团队

1. 为什么需要高绩效团队

高绩效团队就是为共同目的而成立的群体，这个群体的成员互相协作，共同承担责任，并在一定的规则之内进行活动，致力于完成共同目标。

现在企业所面临的环境正以越来越快的速度发生变化，为保持强大的竞争力，使企业立于不败之地，企业就必须做到：

1）使组织更加灵活，以便能够快速适应各种商业挑战和市场变化，实现企业的业务目标。

2）根据客户要求，共同协作来解决问题和进行决策，使企业保持可持续发展。

3）提高组织内员工的创造力和创新力来促进公司的发展，同时实现个人成长。

没有人是完美的，但团队可以，因为每个人都会有"短板"，团队成员取长补短，从而达到团队的最大合力，帮助企业满足上面的需要。

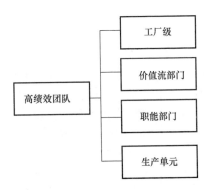

图 8-2　高绩效的团队分类

在情景 4 中，我们曾经谈到，精益战略部署的展开在空间上形成了一个由公司、价值流部门、支持性部门和基层生产单元几个层级组成的绩效联动系统，而高绩效团队则是使这个绩效系统有效运行的组织保障。因此，基于上述的原则，就自然地形成这样一些高绩效团队，如图 8-2 所示。

这些高绩效团队没有等级之分，只有承担的目标和工作任务的不同，比如工厂级的高绩效团队，可以承担精益战略部署中的突破性目标任务，在全厂开展活动；而价值流部门，则是基于价值流图中识别出的问题点，进行周期改善；职能部门则针对供应链改善、现金流增加等内容进行高绩效活动的开展等，这些高绩效团队的形成，为构建持续改进保持变革成果构筑了坚实的基础，从而保证组织的整体绩效和目标，朝着确定的愿景目标前进。

2. 培养高绩效团队的凝聚力

一个高绩效团队首先表现在高的凝聚力，如何增加团队的凝聚力呢？

（1）建立团队的目的

没有一个清晰和令人鼓舞的目的和愿景，团队很难实现高绩效。反之，当团队专注于一个团队共同商定和充分理解的目标时，将为团队注入动力和热情，所以建立高绩效团队时，团队成员要聚在一起，了解团队成立的背景，共同确定团队的目的，并确保团队理解和支持设定的目标。

（2）建立团队目标

精益战略部署的重要特点就是对战略实施的层级展开，形成绩效联动系统，高绩效改善团队的目标必须和公司的目标相关联，同样是"接球"的过程。团队仅出于"组成团队"的目的而聚集在一起是错误的，团队必须为了挑战特定的绩效目标而并肩战斗。当人们朝着一个共同目标和愿景真正努力时，信任和责任感也会随之产生。当团队为了达成共同的目标而努力时，不管作为个人还是团队，他们都会开始为团队结果负责，一个高绩效的改善小组的真正标志是团队成员每个人可以承担实现公司和部门目标的责任，并为卓越绩效而由衷地高兴和精神愉悦，即使个人并未因此而受益。

目标和目的是不同的，目的大多是感性的描述，说明高绩效团队成立的意义，而目标则通常是量化的，可以衡量的，在建立目标时，同样遵循 SMART 原则，见表 8-1。

表 8-1　SMART 原则表

S	Specific	具体的	清楚准确描述所要改进的项目和解决的问题。如:使用 IS/IS NOT 法等
M	Measurable	可测量的	要用动词、名词和量词使项目的结果可以测量,即使对于感性问题,如提高员工士气等项目也要进行量化,否则就不要作为项目来进行改进 如:减少库存天数从 X 天到 Y 天
A	Attainable	可达到的	目标制定要合理、可以达到,既不能好高骛远,难以达到,也不能唾手可得,没有挑战性
R	Relevant	相关的	与整体的运行绩效相关联
T	Time-Bound	时效性的	定义开始和完成时间,并定期回顾项目的进展,使用红色表示没有按时完成,使用绿色表示按时完成

（3）给团队充分授权

要想发挥团队的力量，就要给团队创造被充分授权的工作环境，让团队可以在一定范围内获得充分的自由度去发挥其创造力和想象力。领导者可以通过以下方式授权团队成员：帮助团队成员提高能力、与团队成员共享权力、资源和信息，同时使团队成员保持责任感。

表 8-2 是基于利克特四型领导理论的授权模式，团队可以根据所承担的项目和职责，把具体项目列出，并确定哪些任务属于只有批准后才可以行动的，哪些是告知领导后就可以行动，哪些是行动后需告知，哪些是直接行动项等。

表 8-2　基于利克特四型领导理论的授权模式

领导类型	独断型	开明型	协商型	参与型
领导特点	命令	推行	商讨	授权
授权级别	1 级:管理层做出决策,通知员工执行	2 级:管理层做出决策前通知员工	3 级:员工参与讨论后执行	4 级:员工做出决策并行动
授权水平描述	● 告知 ● 指示 ● 管理层出于控制地位 ● 管理层全权负责 ● 员工被告知有关决定	● 销售 ● 指导 ● 咨询员工 ● 员工有一定的参与	● 参与 ● 推动 ● 责任分工明确 ● 员工行动前必须获得领导批准	● 委派 ● 联络 ● 员工充分参与 ● 员工可以在一定范围内决策并采取行动

一个企业如果想要建立良好的授权文化，首先，领导要给予员工充分授权，创造一个鼓励员工不断创造性地思考，不断学习，持续改善的文化。领导授权的能力

就是其领导力的反映，同时也是丰田模式所倡导的尊重员工的体现；其次，员工要在被充分授权的条件下，在一定界限内决定最佳的行动方案，解决客户问题，提高企业竞争力。被授权的员工通过在团队中积极参与决策和努力解决问题，就会不断成长和进步。并且只有当团队成员具备更多的授权和承担更多的责任，团队才能成熟起来。换言之，只有团队成长和进步了，团队成员才会随之成长和进步，然后再为团队做出更大贡献，形成良性循环。

只有授权，团队才可以成长，这是领导者必须学习的功课，正因为如此，要避免"家长制""保姆式"和"一言堂"的管理方法。

3. 培养高绩效团队的技能

（1）解决问题的技能

在获得授权之后，团队就要为了实现目标而进行决策和解决问题。团队要学会使用问题解决的结构性方法，即 A3 报告来进行问题解决，其中包括各种精益工具、质量工具等系统工具方法。A3 报告作为团队解决问题的基本技能，需要熟练应用，其中的第三步叫作"采用团队的方法"，在这一步里，大家就要对团队的目的，做事的原则等进行定义，统一思想。A3 报告不仅是问题解决的方法，本身就是团队成员间以及和领导间进行有效沟通的桥梁。

（2）技术技能

团队需要具备与行业有关的专业技能、知识和判断力以及利用机器、流程和技术完成如产品设计、生产制造流程、工艺控制等工作的专业性技能。这些技能是进行产品创新、工艺改进、过程控制等的先决条件，例如防错技术的应用，就需要这方面的技术技能。

在 HG 公司，初期有很多质量问题，例如曾经发生过内孔不通的问题，这个缺陷对于紧固件来说属于致命缺陷，初期控制的方法只是通过人工检查，但是问题还是不断发生。后来，采取了防错措施，在工装上增加检查内孔的装置，做到了100%的防误，再没有发生过类似的问题；还有诸如漏套 O 形圈的问题，同样通过防错的措施做到了"零"不良率。防错的理念，看似简单，但是需要很多技术予以支持，同时还要有挑战不可能的精神和毅力。

（3）人际交往技能

除了以上两种技能，团队还必须培养管理工作中的社交和人际关系技能，这些技能对绩效的影响和上面两种技能同等重要。这些技能包括：有效沟通、积极倾听、解决冲突以及有效的会议组织等，但是很多组织却忽略了在人际交往技能方面的培养。

提高人际交往技能的方法有很多，首先领导要率先学习和提高自己的人际交往技能，不仅要参加有利于提高该技能的相关课程，并且要对照上一章中提到的"业务技能表"，经常评估自己这方面技能水平，找出不足并加以训练和提高；其次，领导者要注意培养下属的人际交往技能，在日常工作中处理员工问题的时候，善用"工作关系"的方法，积极倾听，解决冲突，同时也要利用好季度、年度绩效评估的时机，对下属进行引导。

在高绩效团队开展合作的时候，团队的负责人本身就是一位负责绩效改善的领导者（Leader），也要关注人际交往技能方面的培养，智商和情商并用才可以带领团队取得高绩效。正如上面展示的变革图谱一样，在任何时候，只要进行改变，就会产生不同变化，也一定会面临推动力和阻力，而领导者的作用就是帮助增强和加大前进的推动力，减小影响前进的阻力，从而保证企业的整个团队朝着正确的方向前进。

在 HG 公司，开始建立标准化作业的时候，是由现场的改善工程师进行的，他们进行录像，然后时间观测，制定标准化作业后员工执行。期间员工有不少意见，他们反映说，现场的改善工程师往往是选择经验好、动作快的员工来进行时间观测，对于大部分员工来说，这样的效率是达不到的；现场工程师也很委屈，说事实并非如此，他们本身就发现原来的标准化作业不合理，有较大偏差，一看就存在许多浪费，提高效率是理所当然的。之后，情况变了，现场工程师和员工组成一个项目团队，大家本着"知无不言，言无不尽"的原则做事，并且一起对操作录像进行观察、讨论，员工不仅主动指出了存在的明显浪费，而且对工具、工装、操作方法等主动提出改善意见，最后达到了很好的效果。不过这个绩效提高的过程却并非一日之功，需要领导者很好的沟通、协调等人际关系技能。

4. 建立高绩效团队的活动章程

当高绩效团队的成员在一起的时候，如果预先制定一个章程，这个章程对团队成立的目的、目标、授权的边界条件以及行动的规则做出规定，然后大家就可以依照一个清晰的准则进行改善活动。如果中间出现一些疑问或者偏差，就可以马上回到当时的章程上来重新达成共识。上面我们提到过几种团队类型，包括工厂、价值流、职能部门以及单元等高绩效团队，这些团队按照组成的方式可以分成两类，一类是自然形成的生产单元团队，即为了达成安全、质量、成本、效率以及交付等绩效指标自然组合在一起的团队，这些团队是绩效达成的基础，同样需要一个章程来确定大家的行动规则，见表 8-3。另外一类是为解决某阶段内要完成的重要任务（例如精益战略部署中的年度行动计划）而形成的项目型团队，比如为缩短供应商交货周期、解决某类质量问题，改善价值流图中的爆炸点等而成立的高绩效改善团队就是属于项目型团队。当然，这不是标准公式，你还可以定义不同的高绩效团队，但目的是一样，团队是为达成组织目标的高绩效才聚在一起，并且员工可以伴随团队共同成长。

高绩效项目团队的活动流程：

1）设立一个启动会议，把团队成员聚在一起，作为团队达成共识和交流的机会。

2）制定一个章程，明确团队组建的目的和目标，授权界限以及行动规则。

表 8-3　高绩效团队的活动章程

团队名称：

目的					团队图片
目标					**团队成员**
授权界限					**基本原则**
任务清单	领导通知	批准后行动	行动后告知	直接行动	

3）使用各种精益工具、质量工具方法开展活动。

4）利用 A3 报告进行问题解决，改善结果输出、信息分享。

5）定期回顾项目的完成情况。

6）寻找下次改善机会。

5. 建立高绩效团队管理系统

为了确保高绩效团队工作持续有效的运行，就必须建立标准的高绩效团队管理系统，否则同样会随着时间的推移，热情消退，最后自然死亡。对于高绩效团队的活动，可以建立一个详细的活动管理流程，这样可以持续跟踪团队活动的状况，同时对优秀的团队给予及时的奖励，表 8-4 就是高绩效活动流程的范例。

表 8-4　高绩效团队活动流程

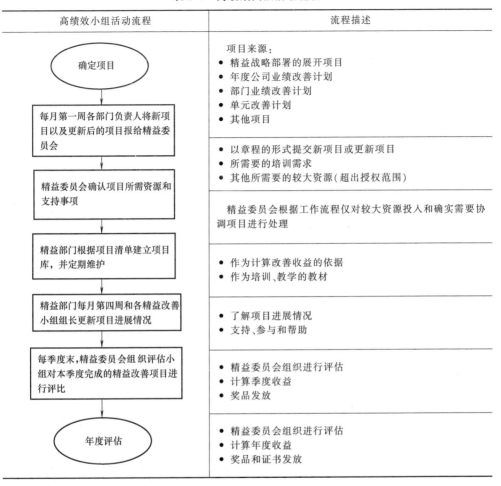

高绩效小组活动流程	流程描述
确定项目	项目来源： ● 精益战略部署的展开项目 ● 年度公司业绩改善计划 ● 部门业绩改善计划 ● 单元改善计划 ● 其他项目
每月第一周各部门负责人将新项目以及更新后的项目报给精益委员会	● 以章程的形式提交新项目或更新项目 ● 所需要的培训需求 ● 其他所需要的较大资源（超出授权范围）
精益委员会确认项目所需资源和支持事项	精益委员会根据工作流程仅对较大资源投入和确实需要协调项目进行处理
精益部门根据项目清单建立项目库，并定期维护	● 作为计算改善收益的依据 ● 作为培训、教学的教材
精益部门每月第四周和各精益改善小组组长更新项目进展情况	● 了解项目进展情况 ● 支持、参与和帮助
每季度末,精益委员会组织评估小组对本季度完成的精益改善项目进行评比	● 精益委员会组织进行评估 ● 计算季度收益 ● 奖品发放
年度评估	● 精益委员会组织进行评估 ● 计算年度收益 ● 奖品和证书发放

全员参与持续改善

　　虽然员工可以通过参加高绩效团队的方式来参与改善，但是这还远远不够，还需要全员参与精益改善，以此来表明员工对组织绩效的参与度和重要性，当然这确实也是必要的，因为这是精益变革文化形成的群众基础。

　　一种非常好的员工参与精益持续改进的方式就是精益改善提案，通过精益改善提案，公司的任何员工都可以随时参与到改善活动中来。在改善提案制度中，要鼓励员工不仅对于安全、质量、准时交货、生产效率以及库存等有关的指标提出改善建议，也包括公司运营的其他各个方面，比如：

　　1）防止安全事故的对策。

　　2）降低成本，如能源（如水、电、气等）的节约。

3）产品质量改善提案。

4）防错提案。

5）提高生产效率，工作的合理化。

6）工作方法、工艺改善。

7）设备、工具、设施的改善。

改善提案的来源不是员工凭空想象，需要给员工进行简单有效的系统培训，特别是诸如七大浪费、单件流、快速换型等精益工具。比如把七大浪费识别表（卡片）和精益改善提案表（卡片）放在现场，员工随时可以对浪费进行识别并以改善提案的方式进行报告。

对于一线的主管，除了一般的精益知识以外，还可以对其进行 TWI 中的工作改善（JR）的培训，使他们熟练掌握现场改善技能。工作改善就是 5W2H+ECRS手法的应用，其步骤包括：作业分解，对细节询问，构思改善方案和实施改善方案等四个步骤。通过 5W2H+ECRS 手法的应用，可以使使得提案更加科学、系统和有效。同样，凡是被认可记录的提案，提案者应该得到一定的奖励，这样就可以调动大家的积极性和热情。

全员参与改善提案的最重要意义在于，每个员工都可以为公司的业务绩效目标的提高提出意见，消除一点浪费，就会增加一份价值，每个人都有责任成为创造绩效的贡献者，最重要的是要培养员工发自内心的改善内驱力和习惯。

保持持续变革的领导力

精益转型是对传统模式的变革过程，不仅包括生产模式的变革，也包括组织行为和文化的变革，变革理论的创始人库尔特·卢因把变革描述为解冻、变革和在冻结的过程，但是这个过程绝非是一个简单的短期过程，需要领导者持续变革的领导力。之前提到的业务技能都是领导者要学习的技能，但是这些技能并不能完全保证持续变革的持续，往往开始的时候领导者热情似火，后来热情消退，终究偃旗息鼓，所以领导者才是决定精益成败的关键要素，而且领导者必须具备持续变革的领导力：

1）创建一个激动人心的愿景，这个愿景既是长期的，又是分阶段的。

2）与员工共享愿景，并通过强大的感召力，和员工一道朝着愿景不断努力前进。

3）建立具有挑战性目标和绩效衡量体系，比如 3~5 年的战略目标，年度目标等，并通过持续改善的方法实现目标。

4）领导者对精益方法和改善展现出无比的热情，并始终如一地积极参与，并

⊖　参见《精益生产实践之旅》第一章。

且要记住，优秀和成熟的管理者应该是一个优秀的引导者，相信团队并深入挖掘团队潜力，而非仅仅会说教的管理者。

5）打造高绩效团队，让每个成员通过参与改善而感受到改善的氛围，由此创造长期的改善文化。

6）关注员工成长，尊重员工，并且强调：让员工满意的前提是培养员工责任心，尊重员工是尊重员工的贡献。

本 章 小 结

精益变革的过程没有止境，这些变革在初期可能是剧烈的、颠覆性的，在之后的精益管理之旅上，组织的成员虽然已经基本适应了精益的运作方法，但是并不等于要停止前进，因为精益如逆水行舟，不进则退，精益战略策划和部署的目的就是促使组织不断变革，不断挑战，持续改善。保持变革成果的四个主要方面：①领导要成为精益专家；②建立高绩效团队；③全员参与持续改善；④保持持续变革的领导力。

扩 展 思 考

阅读完本章的内容，请仔细思考以下问题，并建议你在空白页写下你的答案：

1. 你对精益工具的理解如何？

2. 你是如何利用高绩效团队使组织绩效持续提升的？

3. 你的企业坚持全员参与精益改善的活动吗？又是如何创造积极的活动氛围的？

4. 你还有哪些体会？

5. 你将如何行动？

对未来的迷思——
智能工厂下的精益管理思考

时间过得真快，转眼间 HG 工厂推行精益已经 5 年。

这是一个飞速变化的时代，当大家刚刚感觉对精益有所认知，逐渐深刻体会的时候，"工业 4.0""互联网+制造""智能制造"等无数热词就扑面而来，成为绕不开的话题。

和大多数企业一样，HG 公司也开始关注和了解工业 4.0 的发展，虽然大家对未来的发展既充满期待，但仍然有很多困惑。这一天，HG 公司的团队邀请肖老师到公司，再一次探讨智能制造下的精益之路，我们一起看看他们谈些什么吧。

王总："时代变化之快，真是让人惊叹啊！肖老师，您觉得在智能制造的背景之下，精益将扮演何种角色呢？"

肖老师："现在工业 4.0 成为非常热门的话题，很多人认为在 21 世纪初期由丰田公司所创造的精益生产早已经过时了，但是真正熟悉和实践精益的人们都知道这是一种误解。到目前为止，有很多公司，包括知名的跨国公司，仍然把精益作为他们制胜战略的重要组成部分，因为精益已经成为制造业乃至服务业发展的管理基石。"

"和发达国家相比，我们国家的制造业管理水平仍然存在很大差距，丰田生产方式给丰田、日本乃至全世界的企业所带来巨大竞争力和收益是毋庸置疑的。我们现在需要做的，就是踏踏实实练好基本功，如此才能为未来的智慧工厂奠定坚实基础。不仅如此，我们也知道精益已经远超出精益工具本身而成为一种管理模式和管理思想，这种消除价值创造过程中所有浪费、追求完美的精益思想是永不过时的，无论是过去、现在还是将来。"

王总："您说得非常有道理，我们花了这么大的精力搞精益，确实看到了很大收益，我们一定会继续把精益做好、做实！"

肖老师："你把精益作为公司的战略，确实是非常有远见的，工业 4.0 的目标是智能制造，而智能制造下的生产线本身就需要按照精益的思路进行设计，互联网、物联网、数字化、机器人都是为精益生产线服务，只有这样才可以使流程合理，价值最大化。我们的企业如果要实现弯道超车，精益是绕不过的必由之路。而且，精益管理方法本身就是帮助企业确定发展方向，考虑战略的未来性，使企业可以永续经营。"

王总："你这一说，我们就更有信心了，有了精益的基础，我们可以顺理成章地开始未来智能工厂的规划了。"

肖老师："向智能工厂转化不是一朝一夕之功，但是有了精益的理念和思想，一定可以不走或者少走弯路。另外，特别想说明的是，智能工厂不是机器人和各种软件的简单堆砌，需要系统设计，这就离不开对人的管理，如何发挥人的效能和价值，这同样是非常重要的。"

王总："没错，创造价值型的企业和团队，持续改进、不断挑战，并且形成以长期理念为原则的做事原则，这些价值观在任何时候都不会过时的。"

……

工业4.0的目标就是智能制造

工业4.0是德国在2013年提出的关于制造业未来发展的新模式，是以互联网、物联网等高度信息化系统为基础，实现智能化制造的第四次工业革命。这种新的生产模式，是集数字化、信息化、网络化、智能化为一体的新型工业模式，是工业未来发展的长期战略。

工业4.0的关键目标是实现智能制造，《智能制造发展规划（2016-2020）》对智能制造的描述是：智能制造是基于新一代信息通信技术与先进制造技术深度融合，贯穿于设计、生产、管理、自决策、自执行、自适应等功能的新型生产方式。

智能制造的前提是智慧工厂，之所以称为"智慧工厂"，就代表着工厂是有智慧的，是可以接受周围信息，并对信息数据进行思考和自动处理。就像现在的智能手机一样，除了具备基本的电话功能以外，用户可以从第三方平台所提供的程序中自己选择和安装各种软件，以及通过网络来实现各种不同的功能。智慧工厂和智能手机一样，通过互联网实现与客户的连接互动，并在对客户的数据进行分析和处理后，将客户信息传递到制造环节。然后在生产环节，物料通过物联网自动识别身份，经过自动导引运输系统被送到指定生产现场，由工业机器人完成生产制造后，再通过自动导引运输系统和物流系统运送到客户手里，这就是未来的智慧工厂的运作模式——客户大数据、个性化定制、智能制造、智慧物流等全新的生产制造模式。

1. 基于互联网

在当今世界，互联网给人们所带来的影响之巨大毋庸置疑。我们时时刻刻都在感受着互联网给我们生活所带来的改变，这种改变不取决于我们是否愿意接受，而是实实在在地已经发生了，不经意间就冲击和颠覆了我们过去的习惯、行为以及思维。

通过互联网上的电商平台，人们足不出户就可以很方便地去选择自己所喜欢的商品并轻松下单购买，几天甚至几小时后商品就会送到你的家里。不用去银行，通过网上银行或者第三方支付平台就可以实现自由支付、往来结算等业务。如果要看病，通过网络可以预约挂号，对于疑难杂症还可以实现远程诊断。

当人们正在感受互联网给服务行业所带来的改变的时候，它对工业所带来的影响和冲击也在不断升级，成为实现工业4.0的重要条件。互联网的最大优势在于它拉近甚至消除了空间的距离，将来的制造工厂不再让用户感到遥不可及，而是与用户轻松互动，帮助用户实现个性化定制，并提供远程控制和服务。同时互联网也为大数据的存储、平台建立，以及分析提供了基础，使所有信息、生产、物流等资源得到充分利用。

上面的描述可能有点生硬，让我们再举一个互联网影响我们生活的例子：过去的出租车是满大街跑来跑去寻找乘客，完全是根据司机的个人经验判断乘客出现的概率，之后虽然有统一的呼叫平台模式，但在资源利用、供需互动方面远远不能满足要求。随着打车软件的出现，则完全打破了过去的传统模式，车辆和乘客不再是两个独立的个体，而是通过互联网形成资源和需求的大数据圈，达到二者的信息对等和及时交互，所以当乘客发出用车申请后，打车软件可以让车辆迅速响应并准确地来到乘客的身边。而其他专车软件的出现和应用同时整合了整个相关的社会资源，互联网和大数据给行业带来了巨大的变化。

互联网对服务行业的影响同样冲击和改变着未来的工业，这就是为什么很多人把互联网+智能制造叫作工业4.0的原因。在基于互联网的工业4.0时代，就单个的制造工厂这个小范围来说，它可以使企业了解客户的个性化需求，客户也可以和企业随时互动并参与到产品的设计过程中，实现客户个性化定制，同时也可以知道所有客户的真实需求量，避免过量生产。就工业生产这个大范围来说，可以实现整个社会资源的统筹和均衡，实现制造资源和市场需求的整体平衡，避免"去库存"的问题。当然这个"大范围"理想的实现可能要经历很长的时间，有可能这就是后工业4.0时代，甚至是工业5.0时代的主题。

2. 基于物联网

在服务行业，互联网使资源和需求互联，在工业生产中，需要实现同样的功能，即客户需求和工厂之间的连接。但是这样的连接还远远不够，如果客户的需求转化为实际的生产制造需要人工进行多重处理和安排，那么还没有真正实现信息大数据和资源需求、内部生产计划排程的智慧结合，因为在生产制造环节出现了信息断层，而物联网的出现则是解决这个信息无法连接问题的前提条件之一。

所谓的物联网就是每个物体都有可识别的数字信息身份，通过这些信息，物体和物体之间实现互相连接和识别，形成物物相连的网络系统。物联网的基础是互联网，但是互联网属于虚拟空间，而物联网则是应用传感技术、无线电射频（RFID）技术等方法，实现实物向数字化信息的转化，然后通过软件再与互联网的虚拟空间进行连接，实现人、物、机的融合，形成一个完整的信息物理系统。

可编程序控制器（PLC）和计算机（PC）的发明和应用实现了程序化手段对电器的控制，开启了以信息化为特点的工业3.0时代。物联网则使产品可以告诉机器进行什么样的操作，执行什么样的步骤，为实现客户的个性化定制提供保障，同时可以将信息进行同步反馈。

3. 各种软件系统的大融合

互联网和物联网的结合，形成了工业的大数据。这些数据信息被各种功能软件，如ERP系统、MES（Manufacturing Execution System）系统、物流管理系统等进行充分利用，发挥更多优势，同时，大数据还可以帮助解决之前人工收集数据所带来的无法解决的问题。

比如我们所熟悉的ERP以及MES系统，虽然功能强大，但是目前对于很多企业仍然要依靠人工操作来录入大量数据，如原材料收货及领用、过程产品投料、产品报废等数据的系统内录入和处理，这无疑在及时性、准确性上都会存在一定的问题。很多企业使用了比较先进的条码识别系统，可以通过扫描的方式自动识别产品并将信息自动录入系统，如通过扫描成品外包装上的条码实现系统自动投料及成品的入库和出库手续等。应用条码来识别产品，这只是非常简单的产品信息转化和识别技术，有很大的局限性，通过物联网，则可以使物料、过程产品以及成品信息的输入更加准确和及时，为实现ERP和MES之间的真正自动连接提供了可靠的基础，使其发挥更加强大的功能。

4. 工业机器人的普及

随着机械、电子、计算机、传感器等行业技术水平的提高，机器人将更加智能化、柔性化、紧密化。所以在制造、质量检测、物流等各个生产环节被广泛使用。在工业4.0的工厂里，工业机器人将被大量投入使用，越来越多的人工劳动力将被释放。

精益转型和企业智能化升级

精益转型是变革，智能化升级同样是对传统生产模式进行颠覆的另外一场变革，但是如果想要实现智能化升级，其前提必须是完成精益转型，因为互联网、物联网以及机器人都是为制造服务的，是手段而非目的，精益模式和生产原则对智能制造都有启发和指导意义，只是实现的方式和方法由原来的人变成了机器和软件。

我们用传统精益价值流和网络的语言来大致表达智能制造的模型，如图9-1所示。与传统的生产模式一样，都需要实现整个价值流过程的价值最大化，所以通过精益制造，能够更加有效地保证智能制造的实施，单纯的机器人和软件的堆积绝不是智能制造。

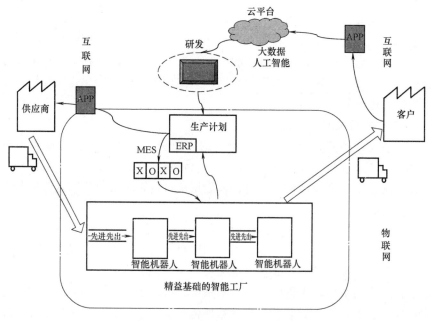

图 9-1 智能制造的价值流模型

企业向智能制造的转变绝不是一个一蹴而就的简单过程，必须结合企业自己的特点，以坚实的精益管理为根基，逐步推进。为了减少人工成本，很多公司盲目上马了很多机器人，但是由于精益流程的缺失，效率是提高了，人工的费用看似降低了，却生产出了大量的库存；有的公司上了 MES 系统，软件的设计还是建立在传统制造模式的基础之上，也就无法解决原来存在的各种问题，依旧存在大量的浪费，这都是本末倒置的做法，所以机器人和软件的堆积绝不是智能制造，单纯的无人化、少人化也并非智能制造的目的。以最低成本、最高效率、最快交货速度有利润地满足客户要求，才是企业的经营之本，智能制造同样也不例外。

在《丰田模式》一书中，提到了 14 个原则，其中有一个重要的原则是：使用可靠且经充分测试的技术以协助员工及生产流程，这个原则对于企业向智能制造转变有很好的指导作用。最先进的技术必须进行充分的评估和验证，不能破坏精益的基本原则，要确保人和流程的最佳协同工作以及整体流程的价值最大化。

企业在向智能制造转型升级的过程中，特别要遵循以下几个基本精益生产原则。

（1）生产工序的平衡

精益生产的最佳方式是流动的生产方式。想要达到真正的流动，很重要的一个前提条件就是工序之间的平衡，对于智能制造来说这是一个巨大的挑战。比如对于必须批量处理的特殊工序，如热处理、电镀、表面处理等，与其他工序实现流动连接就存在着非常大的困难，需要单独处理。即使是其他非必需批量生产工序，同样存在着工序间的平衡问题，如何合并和拆分工序，如何选择自动化程度不同的设备，这些都是必须考虑的问题。

（2）制造的柔性化

柔性化的好处是：实现多品种、少批量的均衡生产，满足顾客个性化定制，库存较少。但是柔性化的实现需要技术上的支持，如柔性工装的设计、激光定位，以及质量的自动监测等。目前一些走在前沿的所谓已实现"智能制造"的公司，主要集中在汽车、家电、电子等消费产品的领域。为什么呢？因为这些行业的产品批量比较大，受到的柔性制造限制较小，并且当前智能制造的模式基本上集中在以装配为主的生产线中。

（3）高质量的产品

精益生产的支柱之一是自働化，其含义是机器有人的智慧，在自动运行的过程中，一旦出现质量问题，可以发现并自动停止。作为有智慧的工厂，在自我感知、自我控制、自我执行的制造过程中，质量保证是前提条件，否则就是灾难。智能制造条件下质量保证的方法包括：产品前期的设计质量、防错技术的应用，以及自动质量检测等。

（4）扩展价值流

从供应商，到制造企业，再到客户，整个价值流形成了价值的大链条。互联网、物联网使这个链条更加紧密，价值流的向下扩展是与客户的价值扩展，工厂需要通过感知系统实现与客户的信息交互，并通过网络技术和云计算等先进技术对客户需求进行收集、积累和数据分析，以实现生产过程的快速和均衡运行；价值流的向上扩展，是与前端供应商的价值扩展，同样需要信息共享，协同生产以达到准确快速的反应，实现价值的最大化。

智能制造下的精益管理

智能制造本身是一种模式，是基于信息化技术和自动化技术的先进制造方式和系统，同样这种模式不是独立存在的，必须建立在企业自身管理模式基础之上的，那么智能制造的条件下，企业的精益战略和绩效管理的关注点应该是什么样的呢？

1. 关注顾客的需求

价值由客户决定，生产制造者要从客户的角度来考虑价值。这个原则无论现在还是将来都是适用的，只是从来没有像在互联网时代，客户能够如此接近生产制造者，并能够将自己的需求传递给他们。在新的工业制造时代，谁更加关注客户、谁能够更准确和快速地满足客户个性化需求、谁能够更好地提供服务，谁就更具有竞争力。

企业必须以顾客的需求作为战略的关注焦点，才可以让顾客感受到真正的价值。顾客的需求可能是看得见的需求，也可能是隐性的和潜在的需求。对于看得见的需求，顾客可以通过互联网平台与企业互动，然后转化为定制的个性化产品；而对于顾客的隐性需求，则需要通过互联网、云计算等大数据的进一步分析和挖掘，再通过设计和制造新产品来满足顾客的潜在需求。

关注目标客户，专注于满足顾客的需求，让客户感受价值，这是决定产品竞争能力的重要条件。举一个非常有意思的例子：有数据表明，方便面的销量正以每年几亿包的速度递减，出现这个现象的原因是什么呢？方便面在满足顾客的需求上并不是"面"本身，而是"方便"，但是随着互联网和智能手机的发展，各种订餐网站和 APP 软件提供了更加方便的服务，从而对方便面的销量造成了极大的影响。因此，在从传统生产方式向智能制造的生产模式转变的过程中，必须把满足和创造顾客需求作为战略的主要关注点，如此才可以设计出可以满足客户需求的产品，抓住目标市场。

特斯拉以"无人工厂"的智能制造模式而闻名于制造行业。但是对于客户来说，除了对其生产模式的好奇以外，更重要的是对其电动汽车产品本身的感受。如果想留住客户，不是靠智能制造模式本身，一定是凭借其优越的产品品质和卓越的性能，或者超过客户期望的产品定制和服务体验等。

2. 高绩效组织和流程

传统部门的定义和界限将被打破，组织架构将更加精益化，部门设置以更好服务产品形成的价值流过程为前提条件和设置原则。将来组织机构的设置必须以可以创造最大价值为原则。组织设置的无层级化、扁平化、短链条化成为智慧工厂的特点，如供应链部门的工作更多关注供应商的精益改进、质量改进，因为供应商管理系统（VMS）、配送需求计划（DRP）和射频识别技术（RFID）已经帮助他们完成了传统的工作。质量部门的工作则是不断对过程进行持续改进，将 6 西格玛的水平作为质量追求的目标，同时随着质量统计分析数据软件的升级优化，信息可以及时分析处理，并反馈到制造环节，使过程随时进行自动调整。研发设计部门的职责是如何快速把客户需求转化为实际的产品，以及和制造环节无缝对接，实现精益开发。销售部门则主要关注客户大数据，了解客户需求，以及如何进行及时的远程技术服务。人力资源部门则需要把精力主要放在对技术工人的培养以及组织架构的优化上来。

上面的介绍我们仍然使用了传统科层制的部门名称，为的是方便理解和描述其职能。事实上，未来很多部门会逐渐消失，融合到以产品和服务为中心的从供应商到客户的价值流链条中，但无论何种模式，都是为整个形成价值的价值流服务，以实现产品制造流程的价值最大化。

3. 员工的成长和发展

智能制造在一定程度上意味着"机器代替人"，这是一个必然的趋势，但是并不等于不需要人。机器取代的是那些重复、简单的手工操作者，对于那些复杂的、需要人判断的精密操作，还是需要人的协助，也就是达到机器人和人最佳组合的协同工作。另外，智能制造是对高端人才的需求，比如数据读取和分析、软件设计、设备测试和维护等方面的专业人才。

既然需要人，就会涉及如何挖掘人的潜力，如何激励员工等一系列的问题。高效组织是由高效的人员组成，组织必须提供员工可以发展的平台，让所有员工凝聚在一起来满足客户需求，打造高绩效的组织。丰田张富士夫说过，丰田的核心理念是"先造人，后造车"，就是因为一切的创新来源于人。智能制造是模式，对于产品的创新永远离不开人的作用。

4. 愿景和价值观

未来的时代会更加强调愿景和价值观的作用，它超越智能制造和单纯的创造利润本身。丰田模式的14项精益制造管理原则的第一条就是"管理决策以长期理念为基础，即使因此牺牲短期财务目标也在所不惜"，这就是丰田的理念和愿景使然，因为丰田模式早已超越了制造本身，成为对其所秉持的信仰、社会责任、做事的价值观的承载模式。

愿景和价值观是企业的理念、做事和思维原则，由此可以把员工的力量凝结在一起，打造高绩效的组织，为顾客服务，并为社会尽到应尽的责任。中国本土企业在进行智能制造转型的过程中，不只是对技术的关注，更重要的是对企业存在价值的思索。一个企业只有超越了利润本身，才可以形成使企业永续经营的理念和价值观。虽然稻盛和夫强调企业必须降低费用使利润最大化，但其核心思想却不是利润本身，而是企业的社会责任、敬天爱人、利他主义等更深层次的精神实质。

5. 培养企业的核心能力

智能制造本身是一种模式，但企业未来所需要的核心能力远不仅是这一种模式，而是各种能力相互作用所形成的综合企业核心能力，比如组织的管理和技术创新能力、对市场的分析和判断能力、资源和信息的整合能力、建立在精益流程上的价值最大化的管理能力等，这些能力的组合最终形成了企业的强大核心能力。

在智能制造背景下，企业的核心能力绝不是低成本，而是为客户提供产品和服务的快速反应能力，以及让客户感受不同的差异化能力，由此决定了企业发展的方向和未来！

本 章 小 结

精益转型是变革，智能化升级同样是对传统生产模式进行颠覆的另外一场变革。但是如果想要实现智能化升级，其前提必须是完成精益转型，因为互联网、物联网以及机器人都是为制造服务的，是手段而非目的，精益模式和生产原则对智能制造都有启发和指导意义，只是实现的方式和方法由原来的人变成了机器和软件，并且机器人和先进软件的堆砌绝不是智能制造。另外，必须记得丰田对待新技术的态度：最先进的技术必须进行充分的评估和验证，不能破坏精益的基本原则，要确保人和流程的最佳协同和整体流程的价值最大化。

扩 展 思 考

阅读完本章的内容，请仔细思考以下问题，并建议你在空白页写下你的答案：

1. 在智能制造的背景之下，你将如何确保对精益理念的坚持？

2. 你的企业未来的核心竞争力是什么？

3. 你还有哪些体会？

4. 你将如何行动？

参 考 文 献

[1] 詹姆斯 P 沃麦克，丹尼尔 T 琼斯. 精益思想 ［M］. 沈希瑾，等译. 北京：机械工业出版社，2011.

[2] 中华人民共和国国家质量监督检验检疫总局，中国国家标准化管理委员会. GB/T 19004—2011 追求组织的持续成功 质量管理方法 ［S］. 北京：中国标准出版社，2012.

[3] 彼得·德鲁克. 管理的实践 ［M］. 北京：机械工业出版社，2009.

[4] 孟凡辰，杨玉红. 中国企业怎么办 ［M］. 北京：机械工业出版社，2010.

[5] 威廉 J 史蒂文森. 运营管理 ［M］. 张群，张杰，马风才，译. 北京：机械工业出版社，2015.

[6] 大野耐一. 大野耐一的现场管理 ［M］. 崔柳，等译. 北京：机械工业出版社，2008.

[7] 杰弗瑞·莱克. 丰田模式：精益制造的 14 项管理原则（珍藏版）［M］. 李芳龄，译. 北京：机械工业出版社，2016.

[8] 杰弗瑞·莱克，迈克尔·豪瑟斯. 丰田文化 ［M］. 王世权，韦福雷，胡彩梅，译. 北京：机械工业出版社，2016.

[9] 本间峰一，北岛贵三夫，叶恒二. 生产计划 ［M］. 陈梦阳，译. 北京：东方出版社，2012.

[10] 堀口敬. 成本管理 ［M］. 王占平，译，北京：东方出版社，2013.

[11] 中野明. 图解高德拉约束理论 ［M］. 北京：中国人民大学出版社，2010.

[12] 赵勇. 精益生产实践之旅 ［M］. 北京：机械工业出版社，2017.

[13] 陈春花. 成为价值型企业 ［M］. 北京：机械工业出版社，2016.

[14] 陈春花. 我读管理经典 ［M］. 北京：机械工业出版社，2015.

[15] 威廉·大内. Z 理论 ［M］. 朱彦斌，译，北京：机械工业出版社，2007.

[16] 谢小彬. MTP 企业中高层管理技能训练教程 ［Z］. 北京：中国人民大学出版社，2013.

[17] 谢小彬. TWI 工作关系（JR）学员练习手册 ［Z］. 北京：中国人民大学出版社，2015.

[18] 夏妍娜，赵胜著. 工业 4.0：正在发生的未来 ［M］. 北京：机械工业出版社，2015.